Como ser um educador antirracista

Como ser um
educador
antimachista

Como ser um educador antirracista

Bárbara Carine

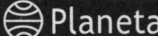
Planeta

Copyright © Bárbara Carine Soares Pinheiro, 2023
Copyright © Editora Planeta do Brasil, 2023
Todos os direitos reservados.

PREPARAÇÃO: Karina Santos
REVISÃO: Ligia Alves e Renata Miloni
DIAGRAMAÇÃO: Nine Editorial
PROJETO GRÁFICO E CAPA: Julia Custodio

DADOS INTERNACIONAIS DE CATALOGAÇÃO NA PUBLICAÇÃO (CIP)
ANGÉLICA ILACQUA CRB-8/7057

Pinheiro, Bárbara Carine Soares
 Como ser um educador antirracista / Bárbara Carine Soares
Pinheiro. São Paulo: Planeta do Brasil, 2023.
 160 p.

ISBN 978-85-422-2125-1

1. Educação 2. Antirracismo I. Título

23-0667 CDD 370.9

Índice para catálogo sistemático:

1. Educação

Ao escolher este livro, você está apoiando o
manejo responsável das florestas do mundo.

2025
Todos os direitos desta edição reservados à
EDITORA PLANETA DO BRASIL LTDA.
Rua Bela Cintra, 986, 4º andar – Consolação
São Paulo – SP – CEP 01415-002
www.planetadelivros.com.br
faleconosco@editoraplaneta.com.br

Sumário

Prefácio 9
Apresentação 17

"Eu, professor branco, posso ser antirracista?"... 33
   É pela estética, e não pela genética 39
   O privilégio branco 41
   Raça como constructo social 43
   A branquitude nos espaços de poder 46
   A escravidão no passado e no presente 48
   O mito da democracia racial 50
   A incompreensível disputa pela negritude 52
   Afinal, o que é branquitude? 55
   Mais que não ser racista, é preciso
ser antirracista 57
   O antirracismo, uma luta de todos 59
   O lugar de fala de cada um 62

Um caso de racismo na escola: como atuar? 65
George Floyd e a descoberta do racismo 68
Racismo é crime 70
*Eles não são monstros
e não são solitários* 72
Formando educadores antirracistas 75
Aprender dói 80
Um conhecimento não facultativo 81
É preciso intelectualizar pessoas negras 83

**Como pensar práticas antirracistas
em sala de aula?** 87
Um mundo individualista e desumanizado 90
A filosofia Ubuntu: eu sou porque nós somos 92
A velhice em uma cultura de respeito 94
*Um projeto pedagógico baseado em
potências culturais* 97
A proposta decolonial 100
Textos que estimulam o questionar 110

Diversidade não se constrói, se celebra! 115
A sociedade centrada no homem (branco) 118
Uma opressão para chamar de sua 120
Espaços de poder: reservados para alguns 122
Buscando um mundo plural 125
A pedagogia da implosão 127
Combatendo a reprodução dos estigmas 129

"Sou contra as cotas, pois o necessário é melhorar a escola básica" 131
   Um direito conquistado com muita luta 134
   Mas não basta existirem cotas 137

Como ser um educador antirracista 143
   O que você pode fazer hoje 146
   Um olhar antirracista de natureza prática 148
   Sejamos doadores de memórias 149

Referências 151

Prefácio

Bom mesmo seria que o racismo não existisse, pois isso implicaria na inutilidade/inexistência do antirracismo. Essa é uma das muitas frases potentes que a leitora e o leitor encontrarão nas páginas deste livro. Sua autora, Bárbara Carine, mulher negra, baiana, intelectual, professora do Instituto de Química na Universidade Federal da Bahia, escritora de vários livros e artigos, influenciadora digital e idealizadora da Escola Afro-brasileira Maria Felipa, nos brinda com reflexões, relatos, análises e teorias construídas ao longo de sua trajetória de vida e profissional, em especial no cotidiano das práticas educativas.

Com uma narrativa envolvente, Bárbara Carine nos convida a refletir sobre como ser uma educadora e um educador antirracistas. Tal reflexão se dá a partir das experiências, do reconhecimento dos limites interpostos e dos avanços conquistados no dia a dia e na convivência entre o corpo docente, a gestão, o pessoal administrativo e de apoio e as crianças da escola.

Para as educadoras e os educadores que sempre denunciam a ausência do "chão da escola" em muitas análises sobre os dilemas e desafios da educação básica, aqui está uma obra que precisa ser lida. O livro considera esse espaço como um lugar central na realização da prática escolar, mas vai além. Ele é compreendido com as discussões teóricas das ciências sociais, humanas e naturais, bem como o campo de estudos das relações étnico-raciais e educação, da decolonialidade e da filosofia africana.

Muito já foi escrito sobre o lugar subalternizado e muitas vezes negado do trato da questão racial na escola básica e no ensino superior. E é justamente na escola básica, pouco aberta à diversidade e que não se indaga do ponto de vista do antirracismo e da decolonialidade, que Bárbara foi desafiada a colocar a sua filha.

A autora sabia (e sabe) muito bem das marcas negativas que esse tipo de escola deixou em sua própria subjetividade e quais foram as escolhas políticas que teve que trilhar para superá-las. Não iria repetir essa situação com a filha nem com as outras crianças que poderia alcançar se construísse um projeto específico de educação atenta a diversidade, democracia e antirracismo, que descentraliza a branquitude. Como mulher negra que sofre os impactos do racismo e do machismo, e como profissional da educação consciente do peso do currículo escolar nas nossas trajetórias, ela tomou uma iniciativa desafiadora. Idealizou e construiu coletivamente uma escola engajada, emancipatória e antirracista. Eis o início da Escola Afro-brasileira Maria Felipa. Mas há muito mais. É preciso ler o livro e saborear as palavras escritas em cada página.

A construção de Bárbara Carine como intelectual e idealizadora de uma escola antirracista está carregada da vivência com a filha e como ela tem lhe reeducado no trato com as outras crianças e com os/as docentes negros/as e brancos/as da própria escola. Esse processo de reeducação se expande e alcança estudantes e docentes da graduação e da pós-graduação da Universidade Federal da Bahia (UFBA). Mudou a sua própria vida e concepção de mundo, de maternidade e de educação.

A convivência com as crianças, em especial as negras, nos ajuda a nos tornarmos sujeitos e sujeitas sociais melhores. Aperfeiçoa-nos no trato com a diversidade étnica e racial presentes em nossas práticas docentes e nas nossas vidas. Por isso, é importante ressaltar que negros, brancos e indígenas compõem a comunidade escolar da Maria Felipa. Além disso, pessoas trans, cis, com deficiência, jovens, adultas, periféricas e não periféricas, urbanas, pobres, de classe média também estão presentes na instituição.

Para as educadoras, os educadores, as gestoras e os gestores que querem construir práticas antirracistas na escola, os relatos dos projetos construídos nessa escola são boas orientações. Mas o que é mais interessante não são os relatos em si. E, sim, a reflexão de que as práticas pedagógicas construídas são possíveis porque há uma filosofia, um projeto pedagógico que prima pela decolonialidade e pelo antirracismo e os faz dialogar com as orientações normativas e curriculares exigidas para toda e qualquer escola brasileira. Algo que muitas/os profissionais julgam impossível. Mas não é. Trata-se de uma escolha política e pedagógica. De ter certeza do caminho que se deseja seguir para ajudar a construir uma sociedade mais democrática, mais equânime, mais justa e menos violenta.

O livro nos mostra quão coloniais, ocidentais, repletas de dicotomias, binarismos são as nossas práticas escolares e curriculares. Não basta só analisar, produzir artigos e livros que denunciem essa realidade. Já temos muitas produções assim e não nego a sua importância. Mas estamos no século XXI e há uma luta histórica do movimento negro e das educadoras e dos educadores negros e não negros antirracistas que exige a criação de propostas educacionais que se contraponham à escola eurocentrada e ao currículo colonial com os quais convivemos.

Urge uma mudança radical nessa situação. Bárbara Carine nos apresenta uma escola que promove uma educação baseada nos referenciais afro-brasileiros, indígenas e africanos para repensar e reconstruir as ações pedagógicas. Esses conhecimentos tensionam e, ao mesmo tempo, dialogam com a ciência moderna, produzindo algo diferente e capaz de transformar as práticas ocidentalizadas e hegemônicas de currículo em práticas antirracistas. Tudo isso construído junto com as crianças, no espaço da escola e fora dela, na participação de projetos coletivos, na vivência das muitas infâncias, no contato com o outro, na reinvenção do calendário escolar e das práticas pedagógicas. E com muito estudo, formação continuada, letramento racial, elaboração de projetos coletivos e trabalho conjunto. Teoria e prática articuladas na construção de um projeto emancipatório de educação.

O livro reafirma algo que já sabemos, mas sobre o qual não devemos parar de refletir. O racismo não é desconstruído sozinho. É preciso que essa desconstrução se dê também em relação a outros fenômenos perversos, tais como o machismo, a LGBTQIAPN+fobia, o capacitismo e o fundamentalismo religioso. São ideologias e ações que desumanizam as pessoas, em especial aquelas que a sociedade cunhou como inferiores porque fazem parte de coletivos diversos historicamente marginalizados.

Bárbara Carine nos apresenta outra perspectiva de diversidade. Ela nos alerta para o fato de que a diversidade deve ser celebrada, principalmente no currículo e nas práticas escolares. Essa perspectiva rompe com a ideia de um currículo fechado, eurocentrado, homogêneo, baseado apenas nas referências do Sul-Sudeste do Brasil e no Sul global. Apresenta-nos a possibilidade de construir uma organização curricular que se abre às múltiplas formas de ser e de existir e as celebra. Que não nega os conflitos, mas aprende com eles, valoriza os sujeitos e as sujeitas da educação e indaga as relações de poder construídas na sociedade. Educa e reeduca para a emancipação, e não para o conformismo.

Concordo com a autora: *"Como é importante para a nossa comunidade escolar aprendermos a partir do encontro das diferenças! Nosso currículo ganha muito com a diversidade, e nossas crianças, suas famílias e nossas colaboradoras também. Só crescem [...]".*

Saber que existe no Brasil uma escola que prima por essa orientação pedagógica e de vida é reconfortante. Conhecer a autora Bárbara Carine, viver e partilhar das suas ideias e reflexões é um presente dado pela ancestralidade. Que bom estarmos vivas para celebrar a diversidade, acreditar na possibilidade de uma educação democrática e antirracista e aprender uma com a outra. É um lindo encontro de gerações e uma honra.

Nilma Lino Gomes
Professora Titular Emérita
Faculdade de Educação da Universidade
Federal de Minas Gerais (UFMG)
Janeiro/2023

Apresentação

Ao longo da minha construção performática como intelectual, aprendi que a comunicação de qualquer conteúdo, seja na forma oral, seja na escrita, precisa iniciar muito bem para conquistar a atenção das pessoas destinatárias, e terminar muito bem para que o impacto da nossa fala, juntamente com o nosso nome, ressoe por um tempo na memória de quem nos acessa por essa via.

Aprendi, dentro desse campo discursivo, que é péssimo começar "dando a letra", mas me preocupo em apresentar este livro de forma que não remeta a um receituário, e sim como proposta com base profunda para solucionar problemas complexos e sofisticados como o racismo. Receitas para tal solução não existem, por mais que queiramos acreditar nelas.

É o mesmo que acontece conosco, mulheres, que, mesmo sabendo que contos de fadas não existem, pelo constructo social patriarcal no ocidente, passamos a vida negando tais contos, e, ao mesmo tempo, paradoxalmente, vivemos, muitas de nós, à espera do "príncipe encantado" ou da "princesa" (já num conto contra-hegemônico) que será o grande amor de nossas vidas. Eu, recentemente, até encontrei um (risos).

Não apresentarei um procedimento revolucionário, mas certamente apontarei caminhos emancipatórios ao longo das próximas páginas.

Sou a Bárbara Carine Soares Pinheiro, conhecida nas redes sociais como "intelectual diferentona". Sim, eu me atribuí essa adjetivação, mas sinceramente? Todo mundo que me conhece logo entende e concorda com a minha autointitulação. Sou uma intelectual disruptiva, de origem favelada, que, como diria Ariano Suassuna, "não troca o seu *Oxente* pelo *Ok* de ninguém". Diferentona por não me render à perspectiva performática ocidental de produção do pensamento: fria, *blasé* e neutra. Atuo no campo da intelecpluralidade, uma categoria decolonial que desenvolvi no meu pós-doutorado, que pauta a ruptura com o modelo único de intelectualidade imposto pela óptica brancocêntrica ocidental que prevê uma ritualística epistêmica e performática para a constituição do/da intelectual.

Não vou apresentar meu currículo, pois ele está aqui na orelha e também no *link* da plataforma Lattes.

É só clicar em "Busca por currículo" e colocar o meu nome completo. Neste livro vou intercalar elementos da minha história com a abordagem conceitual que aqui me proponho a construir e apresentar.

Sou uma mulher negra nordestina, de ascendência materna quilombola do Mocambo dos negros, nascida e criada em Salvador, no bairro da Fazenda Grande do Retiro, onde ganhei régua e compasso para enfrentar/construir o meu mundo. Decidi me tornar educadora formal ao estudar, no ensino médio, no Centro Federal de Educação Tecnológica da Bahia, o antigo Cefet-BA, onde me apaixonei por química e matemática e, por algum motivo que desconheço, não entendi que a minha trajetória deveria acontecer dentro da engenharia química. Sofri até o último instante da inscrição no vestibular decidindo se seria professora de química ou de matemática.

Sim, as minhas referências enquanto mulher negra favelada que nunca tinha conhecido uma pessoa preta engenheira, mas já tinha tido professoras e professores negros na minha quebrada, me fizeram pensar que meu caminho era a docência e que eu precisava escolher entre a química e a matemática (algo completamente desnecessário: qualquer pessoa apaixonada por química e matemática faz engenharia química e não escolhe entre uma das duas disciplinas, a menos que sonhe em ser professora).

Por isso a representatividade é tão importante: onde a gente não se vê, a gente não se pensa, não se projeta. Enfim, optei pela química e entrei numa turma de graduação em que fui a única pessoa, dentre as quarenta aprovadas no vestibular de 2006, que levantou a mão informando que optaria pela habilitação de licenciatura.

Apesar dessa breve reflexão social, de como os diques de contenção racial limitaram meus sonhos, fui muito feliz com a minha escolha. Academicamente, concluí o curso de licenciatura em Química, fiz mestrado e doutorado em Ensino de Química, me graduei em Filosofia e realizei pós-doutorado em Educação.

Todo esse converseiro prévio para explicar como a minha vida cruza com a educação, na condição de educadora dentro da perspectiva formal, mas no sentido de que educar é um ato social que não se restringe a uma sala de aula. A educação é o ato de socializar com as novas gerações os conhecimentos historicamente produzidos. Ela anda lado a lado com a história do desenvolvimento humano, seja do ponto de vista psíquico (subjetivo) ou do social.

Desde a nossa construção humana, e com o enorme reforço da colonização, educamos e somos educados/as a seguir papéis de comportamento impostos a quem nasce com características físicas atribuídas à ideia que é tida de homens e mulheres. E isso se dá através dos processos sociais de desenvolvimento e apropriação da cultura. Ao passo que nos humanizávamos, construíamos o novo permanentemente e nos apropriávamos desse arcabouço cultural. Objetivávamos o mundo, criando instrumentos (roupas, casas, cadeiras, tecnologias em geral) e signos (a linguagem, a arte etc.).

A criação era o primeiro passo do processo de construção do humano; o segundo era – e continua sendo – a apropriação. Pessoas criam coisas e, no ato da criação, criador/a e criatura se separam. Por meio dos processos educacionais, nos apropriamos das objetivações humanas de múltiplas formas: o Menino Maluquinho utiliza a panela, feita para cozinhar, como um acessório para sua cabeça; pessoas se utilizam do avião, criado para encurtar a distância do mundo, para jogar mísseis na cabeça de outras pessoas. Em suma, a educação é construída pelo mundo, mas também o constrói. Trata-se de um vetor de sentido duplo.

A gente se apropria da cultura na rua com as mais velhas, com nossos familiares, amigos e amigas, na religião, com a mídia televisiva, com as redes sociais, com a literatura, com músicas, filmes, teatro, enfim, tudo é processo de aprendizagem. Nesses processos, construímos o repertório cultural de toda uma geração, mas também nos desenvolvemos humanamente no plano subjetivo, aprendemos coisas novas e, com isso, aperfeiçoamos os instrumentos do pensamento. Nós nos tornamos mais gente a cada novo processo de aprendizagem.

No caso específico da educação formal, há intencionalidade pedagógica (não se ensina despretensiosamente – o ato educativo é planejado) e há sistematicidade dos conteúdos a serem socializados, ou seja, existe um currículo, que também é intencional e reflete um projeto histórico assumido por suas pessoas mentoras. Um educador ou educadora forma a juventude para o modelo de sociabilidade que ele/a almeja, por isso é preciso haver um sonho por trás de todo ato pedagógico.

É muito comum atribuirmos à educação formal, essa que desenvolvemos nas escolas básicas e nas universidades, a função de formar cidadãos ou de transformar a realidade social enfrentando as opressões de raça, classe, gênero, orientação sexual, deficiência etc. rumo à construção de uma sociedade mais justa e igualitária. Tem ainda quem atribua a esse tipo de educação um papel propedêutico, que é aquela perspectiva de uma educação infantil que forma para um ensino fundamental e este, por sua vez, forma para um ensino médio, que prepara para a universidade, que se organiza entre graduação, mestrado, doutorado e pós-doutorado.

No entanto, a educação tem a função ontológica[1] de socializar os conhecimentos sistemáticos produzidos historicamente pelo coletivo com as novas gerações, de modo que não precisamos reinventar a roda a cada novo tempo; nos apropriamos dos saberes já postos e damos continuidade ao mundo, elaborando o novo constantemente, superando e construindo a história por ruptura ou por incorporação.

Vou tentar explicar isso de outro modo: hoje, de fato, não há dúvida de que a escola, enquanto complexo que compõe uma sociedade, que é um complexo de complexos, precisa assumir o compromisso emancipatório de educar os sujeitos tendo como plano teleológico[2] uma sociedade justa e equânime.

Entretanto, esse não pode ser o papel ontológico da escola, ou seja, sua função primaz. Imagine que, se alcançássemos uma sociedade livre

---

[1] Ontologia é uma área da filosofia que estuda a lógica do ser, "o ente enquanto ente". Pensar, por exemplo, o que todos os seres humanos têm em comum para ser chamados humanos constitui um pensamento de base ontológica.

[2] Teleológico vem de teleologia, um termo que designa um pensamento prévio e medidas prévias em relação a uma experiência futura.

de racismo, classismo, machismo etc., a escola deixaria de existir nessa sociedade, uma vez que seu papel é transformar a realidade social, e não haveria mais realidade a ser transformada. Acontece que mesmo uma sociedade livre das mazelas das opressões estruturais tem necessidade do complexo social educacional, uma vez que professoras e professores são esses "doadores de memórias" com o papel de transmitir socialmente às novas gerações um legado cultural sistemático que tanto nos impulsiona no sentido do desenvolvimento humano, em seu patamar subjetivo (independentemente do que você aprende de química, ela te ajuda a desenvolver o pensamento abstrato – assim como a matemática ajuda no raciocínio lógico; a filosofia na capacidade argumentativa; a história e a sociologia na criticidade; as artes na sensibilidade humana etc.). Isso significa que aprender um conhecimento específico está para além do aparente da especificidade, está para além do mero conteúdo: esse processo desenvolve nossa humanidade em nós.

Professores e professoras também auxiliam no desenvolvimento humano no âmbito coletivo, no sentido de darmos continuidade a um legado sócio-histórico. Um dia alguém se apropriou ("apropriar" no sentido de aprender) da roda e criou o automóvel, alguém se apropriou do atomismo para desenvolver telas de LED e aceleradores de partículas. A escola se torna, desse modo, uma relevante via de continuidade histórica.

Nessa perspectiva da educação formal, todas as pessoas que estão no interior de uma escola são educadoras, portanto todas precisam ser formadas. Para explicar melhor essa afirmação, trago a experiência da escola que idealizei em Salvador a partir da chegada da minha filha Ianinha. Em 2015 dei entrada em um processo de adoção monoparental na Vara da Infância e da Juventude do estado da Bahia, especificando o meu interesse na adoção de uma menina negra que tivesse de 3 a 6 anos. Quando o cadastro foi deferido, em 2017, e eu entraria então para a fila da adoção, tinha entendido que essa criança em idade escolar chegaria a qualquer momento; foi quando eu comecei a refletir sobre o espaço educacional onde minha filha estudaria. E cheguei à conclusão de que todas as escolas que eu conhecia reproduziam graus profundos de colonialidade[3]:

---

[3] Vamos falar de colonialidade ao longo do livro, mas cabe aqui destacar que esse conceito se remete a um padrão subjetivo de rebaixamento existencial dos povos tidos como "colonizados" frente aos povos autointitulados "colonizadores. Em outros termos, o Brasil deixa de ser colônia de Portugal no início do século XIX, pondo fim ao colonialismo, mas a colonialidade se perpetua até os dias de hoje, como a famosa "síndrome de vira-lata".

- Colonialidade do saber, uma vez que o currículo era pensado e reproduzido a partir de uma perspectiva eurocêntrica, na qual pessoas brancas fundaram todas as formas de conhecimento – apenas elas tinham ancestrais potentes (pensadores, cientistas, reis e rainhas); pessoas negras, mesmo sendo as primeiras humanas, tinham suas histórias barradas nos últimos quatro séculos de subserviência programada dentro da lógica escravista moderna; pessoas indígenas eram colocadas em um entendimento de selvageria, destituídas de território, de história, de narrativa.
- Colonialidade do poder, visto que os espaços escolares reproduziam em sua microesfera o racismo estrutural presente na macroestrutura, ou seja, as pessoas que ocupavam os espaços de poder das escolas tinham o mesmo fenótipo daquelas que ocupavam os espaços de poder da sociedade como um todo. Pessoas brancas dirigiam as escolas e também eram as coordenadoras, professoras, psicólogas e administradoras, enquanto as pessoas negras estavam em espaços escolares que, por mais que fos-

sem importantes para o desenvolvimento do ambiente, eram desprestigiados principalmente do ponto de vista econômico – eram as pessoas negras que limpavam o chão da escola e o bumbum das crianças, eram elas que serviam o cafezinho, que cozinhavam, que abriam o portão, que manobravam os carros. A partir dessa leitura, crianças de 3 anos já conseguiriam construir suas subjetividades compreendendo que, no mundo, pessoas brancas mandam enquanto pessoas negras obedecem.

• Colonialidade do ser, uma vez que nas escolas privadas da cidade existiam pouquíssimas crianças negras, e as poucas que havia eram taxadas com o estigma de bolsistas. Geralmente eram as únicas de toda uma turma e não se viam representadas na estética da escola como um todo – nas fotos coladas nos murais, no outdoor da escola, nas literaturas infantis, nos livros didáticos.

Reconhecendo essa carência extrema de representatividade negra positivada nos espaços escolares em Salvador, a cidade mais negra do mundo fora do continente africano, decidi criar uma escola para a minha filha que certamente contemplaria, com o seu projeto histórico antirracista e emancipador, famílias negras e não negras que acreditavam e lutavam por um mundo livre das opressões estruturais.

Nesse sentido, surge a Escola Afro-brasileira Maria Felipa, a primeira escola regular no Brasil a ser registrada em uma Secretaria de Educação como uma escola afro-brasileira. Já existiam escolas estadunidenses, pan-americanas, francesas, canadenses etc., mas afro-brasileira não. Aconteceu que até mesmo o meu percurso mudou, então eu mudei o cadastro de adoção da minha filha, ampliando a faixa etária para até 7 anos. Ela chegou com 18 dias de nascida em 2018, no mesmo ano da abertura legal da escola em termos do CNPJ; seu ano letivo só iniciaria em 2019.

Na Escola Afro-brasileira Maria Felipa, entendemos que todas as pessoas que estão no interior de uma escola são educadoras e que de nada adianta a professora ou o professor fazer um trabalho incrível na sala de aula sobre a beleza e o poder do cabelo afro se a criança passa pela portaria e o porteiro diz "nesse cabelo não entrou um pente hoje". Formamos invariavelmente todos e todas as profissionais para que a escola caminhe consolidada em seus ideais, fortalecendo e educando nossas crianças.

Apesar de me reconhecer negra desde os 15 anos, quando, na escola, fui convidada a integrar um coletivo negro chamado *farabale dudu* no Cefet-BA, e me percebo negra a partir do cruzamento das histórias de dor que ali pude acessar, o meu processo de letramento racial só vem mais tarde, no final do meu doutorado, aos 27 anos, quando olho para a minha memória e para a minha produção acadêmica e só vejo brancura.

Já professora da universidade, concluía no ano de 2014 o meu doutorado quando, ao ler a minha tese, como quem tem a venda retirada dos olhos, percebo que só citava autores brancos, que só falava de uma epistemologia[4] branca e não via na agenda de lutas que eu pautava os problemas mais urgentes do meu povo. Nesse mesmo ensejo, percebi que me tornava doutora, mas não me via como intelectual. E concluí que isso era fruto de uma trajetória marcada pelas ausências de representatividade.

Fiz graduação, mestrado e doutorado em Salvador, a "Roma negra", sem nunca ter tido uma

---

[4] Epistemologia é uma área da filosofia que se dedica à compreensão dos processos de produção de conhecimento. Fazendo uma analogia com uma peça teatral, a peça em si seria o produto, ou seja, o conhecimento, enquanto a epistemologia seria os bastidores da peça, todo o processo de construção do espetáculo.

professora negra em sala de aula, ou seja, a minha construção subjetiva na universidade se deu a partir da lógica de um espelho quebrado. Nesse movimento também notei que as disciplinas que eu ministrava, assim como os textos que escrevia, eram pautados na colonialidade e reforçavam mitos eurocêntricos, dentre eles o milagre grego, que é essa ideia de que a Grécia foi o berço de todos os conhecimentos, inclusive da química.

Diante dessa pílula da sensatez, entrei no caminho sem volta da criticidade racializada, e o olhar nunca mais foi o mesmo sobre a realidade objetiva e subjetiva. Foi o grande movimento de me perceber posicionada socialmente o tempo todo a partir do marcador racial como fundamento primaz de todas as opressões estruturais que atravessam a vida de uma mulher cis, negra, nordestina e favelada.

Parei, então, o percurso intelectual que a branquitude havia reservado para mim e para os meus e fiz o movimento Sankofa, de voltar e pegar tudo aquilo que ficou pelo caminho. Passo a integrar coletivos negros, agora na universidade, e inicio ali um processo de estudos e leituras de referências negras que fui pescando nas falas das pessoas. Assim vou construindo o meu próprio processo de contribuição para a causa.

Mais adiante, após uns dois anos de leituras pretas, passo a escrever meus primeiros artigos sobre a temática, crio disciplinas na graduação (Ciência Africana e Afrodiaspórica) e na pós-graduação (Descolonizando Saberes: Contribuições da Ciência Africana e Afrodiaspórica), inicio o grupo de pesquisa Diversidade e Criticidade nas Ciências Naturais (DICCINA) e passo a orientar pesquisas na área, além de dar prosseguimento à minha produção literária.

Hoje tenho nove livros publicados, seja como organizadora ou em obras autorais. Este é o meu décimo. Desses, cinco livros abordam as relações étnico-raciais: *História preta das coisas: 50 invenções científico-tecnológicas de pessoas negras*, *História pretinha das coisas: as descobertas de Ori*, *@descolonizando_saberes: mulheres negras na ciência* (que foi finalista na categoria ciência do Prêmio Jabuti em 2021), *Descolonizando saberes: a lei 10.639/2003 no ensino de ciências*, volumes 1 e 2. Além disso, passei a dar palestras e a ministrar cursos em todo o país sobre a temática. Não menos relevante nesse processo foi a idealização, como já mencionei, da primeira escola afro-brasileira do país, a Escola Afro-brasileira Maria Felipa.

Toda essa escrevivência para convidar você a seguir na leitura em função da minha *expertise* no campo. Tenho atuado também como influenciadora digital nas redes sociais como "uma intelectual diferentona" e, nessa produção constante de mídia para o letramento racial, me aproximo das dúvidas mais frequentes das pessoas sobre educação antirracista. O que pretendo neste livro é apontar alguns caminhos para os problemas mais frequentes.

"Eu, professor branco, posso ser antirracista?"

A pergunta que mais escuto de pessoas brancas nesses anos de ativismo dentro da causa racial é: qual o papel delas na luta antirracista? Isso por várias razões: porque pessoas brancas não se racializam, porque elas não entendem o que é o racismo e, por consequência, o que é antirracismo...

É muito comum, dentro de um trabalho pedagógico em sala de aula, pautarmos uma prática voltada à educação para as relações étnico-raciais (ERER) e os professores e as professoras instantaneamente associarem tal ação a falar de pessoas indígenas ou de gente negra.

Esses profissionais dificilmente pensam em dar uma aula ou preparar uma sequência didática sobre branquitude. Não pensam em abordar, por exemplo, a história da ciência apresentando os maiores nomes de cientistas conhecidos no ocidente problematizando o fato de serem todos homens brancos e explicando que isso não é por conta de algum atributo genético de genialidade reservado a eles, mas sim fruto de uma construção social racista e patriarcal que os privilegia.

Não pensamos em práticas pedagógicas que problematizam o privilégio branco no âmbito da ERER porque pessoas brancas não são racializadas. Por mais que a branquitude tenha criado o conceito de raça, essas pessoas se veem e se projetam no lugar de "ser genérico" de "sujeito universal"; elas, em si, são a representação do humano; racializados são os outros, os afastados da humanidade padrão, são "os menores", os "menos humanos". Há quem diga que isso é um grande mimimi, mas não é. É mimimi só para quem se beneficia do racismo e tem fascínio pelos seus privilégios.

Historicamente, o conceito de raça surgiu na modernidade europeia como um importante marcador de hierarquização humana que possibilitou distinções entre as pessoas a fim de categorizá-las e classificá-las hierarquicamente do ponto de vista estético (fenotípico). Era uma lógica supremacista: "Se eu diminuo o outro e faço com que ele acredite nisso, eu o domino". Estavam dadas as bases para um novo modelo de produção, pautado na acumulação primitiva do capital a partir do mercantilismo escravagista.

A ciência e a filosofia foram fortes aliadas nesse processo. Filosoficamente, autores de grandes sistemas filosóficos afirmaram que pessoas negras eram inferiores, a exemplo de David Hume:

> Eu estou em condições de suspeitar serem os negros naturalmente inferiores aos brancos. Praticamente não houve nações civilizadas de tal compleição, nem mesmo qualquer indivíduo de destaque, seja em ações seja em investigação teórica. [...] Tal diferença uniforme e constante não poderia ocorrer, em tantos países e épocas, se a natureza não tivesse feito uma distinção original entre essas raças de homens. Sem citar as nossas colônias, há escravos negros dispersos por toda a Europa, dos quais ninguém alguma vez descobriu quaisquer sinais de criatividade, embora pessoas de baixa condição, sem educação, venham a progredir entre nós, e destaquem-se em cada profissão. Na Jamaica, realmente, falam de um negro de posição e estudo, mas provavelmente ele é admirado por realização muito limitada como um papagaio, que fala umas poucas palavras claramente.

Hume afirmava a inferioridade negra e atribuía ela a uma propensão natural, ou seja, estava dada no plano genético/biológico. Nesse mesmo lugar da ciência, o reforço de inferioridade foi intenso. Testes craniométricos e medidas com paquímetros de tamanhos de nariz, maxilar etc. estabeleceram traços imanentemente negroides e os associaram à raça negra, que era caracterizada por ter regiões cerebrais de maior propensão à obediência e à subserviência que ao intelecto e à autonomia, por exemplo.

Para quem é da área das ciências naturais, é de fácil compreensão a importância crucial da empiria[1] nesse processo, visto que as práticas experimentais dentro de uma perspectiva positivista[2] de ciência tinham um forte caráter validador de conhecimentos. Nesse sentido, as ciências biomédicas desumanizaram, fundamentalmente, pelo atributo do intelecto, as pessoas negras – uma vez que no constructo ocidental a definição de humano está associada à sua racionalidade, e a própria ciência nos destituiu dela.

---

[1] Empiria é o conjunto de dados ou acontecimentos conhecidos através da experiência, por intermédio das faculdades sensitivas (e não por meio de qualquer necessidade lógica ou racional).
[2] Criado por Auguste Comte (1798-1857) e desenvolvido por inúmeros epígonos, o positivismo é um sistema que se propõe a ordenar as ciências experimentais, considerando-as o modelo por excelência do conhecimento humano, em detrimento das especulações metafísicas ou teológicas.

Animalizaram as pessoas negras e nos reduziram a um corpo, caracterizando-nos por tudo aquilo que um corpo destituído de pensamento – na perspectiva dual ocidental – é capaz de oferecer: sexo e sua força de trabalho. Um corpo também cobaia de testes e experimentos científicos, um corpo-propriedade, não pertencente a si.

É pela estética, e não pela genética

Não é à toa que Sarah Baartman foi uma mulher negra sul-africana exibida como atração de circos e em feiras europeias de exposição científica na categoria "fenômenos bizarros humanos" até a sua morte, pois corpos negros não magros eram vistos como aberrações. Sarah morreu em 29 de dezembro de 1815, mas seu cérebro, esqueleto e órgãos sexuais continuaram sendo exibidos em um museu de Paris até 1974, pois corpos negros não magros eram vistos como aberrações.

Violação semelhante ocorreu com a jovem estadunidense Henrietta Lacks, que nasceu em 1920 e morreu de câncer do colo do útero em 1951. Henrietta foi a doadora involuntária de uma cultura de células cancerosas que ficaram popularmente conhecidas como HeLa, células imortais que se reproduziam infinitamente sem se decompor. Suas células imortais foram utilizadas para pesquisas e vendidas para indústrias farmacêuticas de todo o mundo, fundamentando as pesquisas sobre células-tronco embrionárias e enriquecendo empresários desse setor.

Também não foi aleatório o fato de mulheres negras terem sido utilizadas sistematicamente como cobaias no avanço da ginecologia moderna em experimentos sem anestesia – isso porque há o devaneio social humano de entender que animais não sentem dor e, sendo os negros e as negras animalizados, as sinapses da dor não ligam o cérebro à sensibilidade das partes do corpo. Além da filosofia e da ciência, a igreja católica, que atribuiu a inexistência de alma para pessoas negras, foi fundamental nesse processo de construção da racialidade.

Essa mesma branquitude que criou o conceito de raça hoje lava as mãos afirmando que raças não existem e que o que existem são raças humanas. "Mas eu sou branco e não criei o racismo, não, Bárbara. Não tenho nada a ver com isso. Até tenho amigos negros." O termo branquitude não se refere às pessoas em suas singularidades; trata-se de uma categoria social, que se refere a um lugar de vantagens simbólicas, subjetivas e materiais disponíveis para as pessoas identificadas como brancas em uma sociedade onde o racismo é estrutural. Essa identificação no Brasil é fenotípica, ou seja, se dá pela estética, e não pela constituição genética (genótipo).

Em outros termos, você pode ser filho ou filha de um casamento inter-racial (seu pai é negro e sua mãe é branca ou vice-versa) ou ter avós negros; se a sua estética não leva você a receber um baculejo semanal da polícia, se ela não faz você ser seguido no shopping, se ela não faz você perder um emprego por "ausência de boa aparência", se ela não eleva à décima potência o seu risco de ser encarcerado ou morto, se ela não faz as pessoas durante a sua vida o reconhecerem como alguém menos bonito e inteligente: você não é uma pessoa lida como negra no Brasil.

"Nossa, Bárbara! Você só falou de coisas ruins!" E vocês acham que ser negro neste país é vantajoso em quê? Em ser hipersexualizado? Nem nisso, pessoal. É um peso miserável para nós, principalmente para os homens negros, que nunca podem "falhar" do ponto de vista sexual, que sempre precisam ter um pênis acima da média, que precisam estar sempre dispostos e disponíveis.

O privilégio branco

Claro, sem falar na ideia que a branquitude tem de que é vantajoso ser negro por termos cotas raciais

(eu trocaria as cotas facilmente por um histórico em que meus ancestrais fossem lidos como potentes, em que eu nascesse e crescesse cercada de referências positivas por todos os lados, em que eu me formasse subjetivamente tendo a clareza de que posso ser o que eu quiser e ocupar os espaços de poder, em que não tivesse que viver com medo de perder a minha vida e a vida de um familiar. Eu trocaria fácil.)

==Essas vantagens que as pessoas brancas têm nós nomeamos de privilégio, e absolutamente todas as pessoas brancas são beneficiárias dele, por mais que não sejam signatárias.==

É um privilégio branco criar e sustentar por séculos o conceito de raça como mecanismo de hierarquização e domínio de seres humanos, com a legitimação da filosofia, da ciência e da igreja, e, no início dos anos 2000 – por meio de pesquisas genéticas, principalmente no âmbito do projeto genoma –, reconhecer que apenas 0,02% dos genes humanos mantém correspondência com características estéticas. Ou seja, é irrisória a carga genética que estabelece o fenótipo, apontando para a inexistência de raças distintas entre pessoas humanas, e simplesmente assumir um discurso de que raças não existem, que apenas existe uma raça humana, lavando as mãos em relação a toda a construção sócio-histórica de uma desimportância existencial que nos colocou culturalmente, na contemporaneidade, em um lugar de subalternidade e subserviência. A branquitude científica cagou para o seu crime histórico e seguiu tranquila adiante, negligenciando seu vasto histórico racista.

Raça como constructo social

Existe o conceito biológico de raça, que é este criado e sustentado secularmente pelo racismo científico, mas que caiu há duas décadas com as recentes descobertas genéticas, porém o racismo científico cria o conceito social de raça. Esse existe e é muito forte. É com base nesse último que o pedreiro Amarildo de Souza é sequestrado e assassinado, que Cláudia Silva Ferreira é baleada e tem seu corpo arrastado no asfalto por trezentos metros por uma viatura policial, que o músico Evaldo dos Santos Rosa leva oitenta tiros ao sair para passear com sua família num domingo de sol, que Roberto Penha sai com seus quatro amigos para comemorar o primeiro emprego e os cinco morrem em um carro fuzilado com 111 tiros, que Miguel Otávio, de 5 anos, é abandonado num elevador por Sarí Corte Real e morre ao cair do nono andar de um prédio, que o adolescente Davi Fiúza desaparece após ser colocado num carro policial sem identificação, que Alexandre dos Santos, Cleberson Guimarães e Patrick Sapucaia são mortos sem troca de balas na Gamboa, que a chacina do Cabula mata doze jovens negros em Salvador, com o governador do estado elegendo esse genocídio como um golaço da corporação policial.

O conceito de raça do ponto de vista social dialoga frontalmente com a desimportância de nossas vidas negras. A ciência nos devolveu teoricamente a humanidade defenestrada por toda a modernidade ocidental, mas esqueceu de avisar ao Estado e ao seu braço armado que nós somos humanos.

Nesse sentido, do debate acerca do genocídio, lembro de uma experiência marcante que tive em uma grande escola pública estadual de Salvador no novembro negro do ano de 2016. Fui convidada a palestrar para os/as estudantes do noturno sobre genocídio negro. Ao chegar lá, apresentei o conceito de genocídio, falei por que a comunidade negra vivia um genocídio no Brasil, citei referências teóricas importantes para essa discussão. De repente, os/as estudantes (um público esmagadoramente negro) me atravessaram e começaram a dar exemplos de casos diversos de genocídio com tios, pais, irmãos, primos, amigos. A palestra se tornou um grande obituário, e eu entendi ali que fui palestrar sobre genocídio, mas que, na condição de uma ex-favelada que já não morava na favela havia alguns anos, os/as jovens sabiam bem mais de genocídio que eu. Então a palestra se tornou deles/as; eles/as só não sabiam citar Abdias Nascimento, Ana Flauzina etc., mas eram catedráticos em abordar o genocídio da vivência cotidiana.

Lembro de ter ficado profundamente reflexiva em relação àquela experiência e saí daquela escola prometendo a mim mesma que nunca mais voltaria para a escola básica para falar de desgraça à juventude, pois disso eles/elas já entendiam bem (o importante é, sim, explicar as causas da tragédia social que eles e elas vivem). Decidi que só retornaria para falar de potência: do nosso pioneirismo no mundo enquanto humanos, dos nossos reinos e impérios ancestrais, dos nossos conhecimentos antepassados que fundaram as ciências em África[3] etc., com o intuito de dizer

---

[3] Apesar das diferenciações gramaticais correlatas ao uso de pronomes no português de Portugal e no português no Brasil, noto que os movimentos negros têm utilizado o termo "em África" para designar um continente em movimento, a diáspora africana, a sua sexta região. "Na África" se refere a uma compreensão fixa em relação ao território, um entendimento geográfico que se relaciona à localização espacial do continente. Já "em África" corresponde a uma categoria cultural: onde reside uma pessoa preta no mundo, ali está a África junto com ela.

para as crianças que, se nós viemos de uma ancestralidade altiva, potente e pioneira, não tem como sermos diferentes no presente nem como não projetarmos isso no futuro a partir da emancipação da nossa comunidade negra.

A branquitude nos espaços de poder

Além do direito à vida, são várias as evidências cotidianas do privilégio branco. A autorrepresentação invariavelmente positiva e a ocupação de todo e qualquer espaço de poder são algumas delas. Pessoas brancas nascem e já são trazidas ao mundo por médicos/as brancos/as (a primeira médica negra que eu vi na vida, eu já tinha 30 anos). Isso faz com que elas, mesmo as brancas pobres, tenham facilidade de projeção subjetiva nesse lugar, ou seja, elas conseguem sonhar mais facilmente em serem médicas do que nós, negros e negras.

Elas se veem altamente positivadas nos brinquedos, nas animações infantis, nas literaturas (tanto pela autoria dos livros quanto pelo conteúdo). Elas se veem em massa ocupando cargos na política institucional, nos programas de TV, na cena musical brasileira, nas lideranças empresariais, nos magistrados, na ciência e nas tecnologias, nos espaços acadêmicos, em absolutamente todos os complexos sociais. Pessoas brancas estão massivamente no topo.

Elas são detentoras dos meios de produção de mercadorias, são donas das empresas, das indústrias, são as pessoas que dominam os cursos universitários socialmente mais valorizados dentro dessa cultura bacharelesca: medicina, direito e engenharia. Elas se veem nos outdoors, nas campanhas publicitárias virtuais, são a Miss Universo, a maioria esmagadora daquelas que receberam os prêmios Nobel, 70,6% das pessoas mais ricas do Brasil são brancas, os maiores salários do nosso país vão para as mãos de pessoas brancas, elas têm maior média de vida, morrem menos em pandemias (a exemplo da covid-19), acessam os melhores serviços de saúde, educação, moradia e mobilidade urbana, se veem positivamente historicizadas nos livros didáticos. Quando criminosas, têm suas identidades preservadas pela mídia; quando traficantes, são chamadas de jovens que comercializavam drogas; quando ladras, são cleptomaníacas.

Isso de se verem de modo massivo em todos os espaços de poder é um privilégio crucial na construção da autoestima da branquitude, pois ==mesmo as pessoas brancas que não acessaram o acúmulo material que seus ancestrais deixaram para as==

==novas gerações têm a facilidade de se projetar nos espaços de poder por representatividade absoluta.==
É por isso que, no oficioso contrato racial humano, os brancos emergem como donos do mundo.

A escravidão no passado e no presente

A partir do processo de criação do mito da racialidade, ou seja, da construção da categoria de raça como um marcador social de diferenciação, hierarquização e dominação de pessoas, surge o racismo como um sistema social e estrutural de opressões pautado no dispositivo da raça. Com o racismo, pessoas negras são rebaixadas do ponto de vista humano e, portanto, desumanizadas. Nesse processo, a escravidão, um modo de produção social que já havia sido superado no papel, retorna e ganha dimensões ontológicas de desumanização do povo negro.

A escravidão não é uma prática recente. Desde que houve a superação, por volta da revolução neolítica, das carências individuais de alimentos com técnicas agrícolas e de pecuária, surgiu a possibilidade de, numa guerra, não mais "apenas" matar o outro, mas escravizá-lo sem que se tornasse uma boca a mais para alimentar em um processo de luta pela sobrevivência.

As experiências de escravidão ao redor do mundo são antigas e eram causadas por dívidas ou confrontos étnicos, de modo que o grupo social escravizado em um confronto poderia em outro contexto vencer a batalha e passar de escravizado a escravizador. No entanto, a modernidade recuperou a pré-história da humanidade pautando a escravidão de modo ontológico: nela não existe o escravizado, mas sim o escravo, como se o sujeito nascesse para ser escravo e toda a sua posteridade também. É como se existisse uma marca indelével da escravidão que eterniza a desumanização e o pertencimento dos corpos negros às pessoas brancas.

A história da Europa universalizada vai apontar para a modernidade como um momento de ascensão da burguesia como classe revolucionária e para o sistema capitalista como o modo de produção vigente nesse contexto – trata-se de uma história única tão mal forjada que é o único componente curricular estudado na escola que se subdivide em duas partes, a história geral e a história do Brasil, algo que não ocorre com a geografia, a literatura, a química, a matemática, as artes. Esse fenômeno acontece porque não há aderência entre a narrativa apresentada pela história dita "geral", que vincula o período moderno ao capitalismo, e a história do

Brasil, na qual fica explícito que o modo de produção nas Américas era o escravismo e que a acumulação primitiva do capital se deu pela escravidão humana e pela expropriação de novas terras, e não por meio da Revolução Industrial, como narra a equivocada história única, socializada pela branquitude europeia – como as escolas no Brasil perpetuam.

A raça surge para legitimar o processo de escravidão nas Américas e a expansão territorial europeia, dominando, expropriando e destruindo novos territórios. O racismo, enquanto um constructo social dependente do conceito de raça, foi fundamental para garantir quase quatro séculos de escravidão do nosso povo nestas terras. Com o fim da escravidão, o racismo segue se alimentando da noção social de raça e se sofisticando com base na ideia de democracia racial no Brasil, que aponta para a ausência de raças e para a existência, sim, de um povo miscigenado que celebra diariamente essa mistura. A dissimulação do racismo dificulta a percepção cotidiana desse gigantesco mal social.

O mito da democracia racial

A democracia racial é o estado de plena igualdade entre as pessoas na sociedade, qualquer que seja sua raça ou etnia. Tanto raça quanto etnia são constructos sociais, ou seja, conceitos socialmente desenvolvidos em determinados contextos históricos. No entanto, como já apresentado, a raça surgiu como um conceito biológico a partir de sua articulação com o genótipo (constituição genética).

Nesse entendimento poderia caber o argumento falacioso da fraude branca em concursos e seleções com cotas raciais – "eu sou negra, pois minha avó é negra" ou "sou filha de um relacionamento inter-racial, portanto eu sou negra" –, mas não cabe, pois o racismo no Brasil não é "da gota de sangue", e sim de marca. Uma pessoa negra que tem uma avó portuguesa não terá tempo de dizer para a polícia em uma abordagem habitual na favela que sua avó é branca e que, pela gota de sangue, ela é branca. Essa pessoa não terá esse tempo. No Brasil, na perpetuação do conceito social de raça, as pessoas vivem e morrem pela sua estampa, pela sua estética, pelo seu fenótipo. O conceito de etnia tem correlação maior com os costumes de um grupo social específico, com sua cultura, com sua linguística etc.

==A democracia racial é um mito. Não há plena igualdade entre pessoas negras e não negras no Brasil.== Esse mito se fortalece na medida em que se constrói, com base nas teses do Lombroso e de diversos outros eugenistas, a estratégia de genocídio negro pautada na miscigenação racial. Fora os estupros ocorridos na casa-grande, o processo de miscigenação contou com pessoas brancas de condição social desfavorecida, que eram trazidas para o Brasil, tendo garantias de terra e moradia, com o intuito de que se relacionassem afetiva e sexualmente com pessoas negras, visando ao embranquecimento da nação. A meta era que no ano de 2012 não existissem mais pessoas negras no Brasil (felizmente estamos aqui para rir na cara da história).

==Apesar do grande espectro de cores existente no nosso país, o Estado, no seu braço armado genocida, sabe exatamente quem é negro aqui e quem não é.== Eu diria que a madame sabe quem é negro e quem não é na hora de segurar a bolsa forte, na hora de atravessar a rua quando vê um preto atrás caminhando, na hora de se levantar da cadeira do ônibus quando um preto senta ao lado.

A incompreensível disputa pela negritude

Esse entendimento deveria ser muito trivial, mas, com a conquista das ações afirmativas no Brasil, passou a acontecer um fenômeno muito estranho: as pessoas brancas passaram a disputar a negritude neste país. Tirando as fraudes nas cotas nos concursos públicos – o que reflete que a branquitude deseja manter seus privilégios, custe o direito de quem custar –, eu realmente não consigo compreender esse fenômeno, pois ser negro no Brasil não é bom, não é bom mesmo!

Quando me reconheci negra, aos 15 anos, eu o fiz pela dor. Entrei em um coletivo negro com pessoas negras diversas, mas sem me perceber negra, visto que tinha o tom da pele menos escuro. E então "me tornei negra" pela similaridade dos relatos de dor daquelas pessoas com os meus relatos. Ali entendi que nossas histórias de vida eram cruzadas e que o que me unia a elas era a leitura que a sociedade fazia da minha pele.

Retornando à trivialidade do entendimento, outro dia, na Escola Afro-brasileira Maria Felipa[4], uma mãe branca veio me contar uma história: ela, professora e doutoranda em educação, me disse que se apresentava como negra nos espaços, em virtude de sua ancestralidade ser negra por parte da avó paterna, mas que num belo dia ela falou

---

[4] Maria Felipa, uma mulher negra de ascendência sudanesa, marisqueira da ilha de Itaparica, que viveu na segunda metade do século XIX e foi um importante nome da independência do Brasil na Bahia. Ela liderou tropas de indígenas tapuias, tupinambás e ex-escravizados/as contra o exército português.

isso na frente da filha de 3 anos e a criança, também branca, tranquilamente retrucou: "Mãe, você não é negra. Negro é meu coleguinha Zion". Ali, a criança, que na organização didático-pedagógica escolar havia estudado em perspectiva Sankofa sobre ancestralidade-identidade-comunidade (as três unidades letivas daquele ano), compreendeu muito rapidamente dois pontos muito importantes:

> 1. A negritude no Brasil é fenotípica.
> 2. Não é crime ser branco (não há problema nenhum com isso), pode se assumir.

Nas palestras que ministro por aí, é muito comum ver pessoas brancas, mesmo aquelas antirracistas, extremamente desconfortáveis quando faço críticas à branquitude (os olhares de desconforto, o silêncio, a inquietação na cadeira, os constantes cochichos, tudo ali me comunicando).

Isso me coloca a pensar sobre a fragilidade branca: estou há décadas ouvindo nãos, piadas, críticas, recebendo olhares, tendo portas fechadas, sentindo muito medo do Estado, sendo perseguida em espaços acadêmicos e sociais diversos, e tenho que estar aqui, firme e disposta a atuar na sociedade, buscando, a partir da integração da minha luta à luta coletiva, gerar equidade racial. Aí as pessoas brancas não conseguem aguentar duas horas de palestra de boa ouvindo sobre seus privilégios... é muita fragilidade.

Eu quero ter um diálogo muito franco com as pessoas brancas, principalmente as antirracistas. Gente, o problema não é você na sua particularidade. O que se combate na luta antirracista não é o sujeito branco, mas a branquitude. Não é sobre a pessoa branca, Maria ou João; o enfrentamento é da branquitude, um termo cunhado pela teoria crítica da raça para refletir a racialização das pessoas brancas a partir dos privilégios que as unificam.

Afinal, o que é branquitude?

Então, branquitude não é necessariamente sobre a cor da pele, mas sobre os acessos sociais que a cor da pele garante. É sobre a boa aparência para todos os empregos, é sobre ocupar todos os espaços de poder, é sobre possuir a estética da beleza e da credibilidade. Nesse intuito, a branquitude é um conceito dialético[5] que articula o

---

[5] Um conceito dialético é aquele que se constrói a partir do método da dialética, que pauta o confronto entre tese e antítese (que são ideias contrárias) a fim de, a partir da análise crítica destas, estabelecer uma nova síntese, que é um novo pensamento.

lugar de sujeito universal branco com os privilégios que beneficiam todos/as os/as integrantes deste coletivo.

Por mais antirracista que a pessoa branca seja, ela se beneficia do racismo, mesmo sem querer. E é disso que todo/a educador/a branco/a precisa se conscientizar, no mínimo. Nesse sentido, pautamos o fim da branquitude e, reforço, isso não versa sobre o extermínio de pessoas brancas, mas sobre o fim do sistema social que as privilegia.

No Brasil, mesmo com todo o mito da democracia racial, sabe-se sim quem é branco e quem não é. Uma vez, nas redes sociais, me perguntaram: "Mas, diante de toda a miscigenação no Brasil, como saber quem é efetivamente branco ou não?". Eu poderia responder que bastava a pessoa ligar a TV e olhar para a estética ali mais presente, ou ir a uma audiência judicial e olhar para o juiz, ou ir a uma plenária na câmara e notar o fenótipo dos parlamentares, ou procurar no Instagram os/as influenciadores/as digitais com os maiores números de seguidores, ou ainda observar as pessoas mais bem tratadas numa blitz policial, e ali estariam os brancos. Mas, como sou professora – e uma muito dedicada –, expliquei um pouco desse rolê todo aqui de modernidade, racialização, raça biológica, raça social e por aí vai.

Mais que não ser racista, é preciso ser antirracista

Angela Davis nos ensinou que, mais que não ser racista, é preciso ser antirracista, ou seja, não basta não cometer atos racistas: é preciso lutar contra o racismo. Mas eu compreendo que no Brasil existe uma impossibilidade inserida nessa frase. Não é possível não ser racista em um país estruturalmente racista. Pessoas brancas no Brasil são racistas, e pessoas negras reproduzem o racismo – inevitavelmente internalizado – contra elas mesmas. Mas, assim, não abra a boca para dizer aquela bobagem de que "pessoas negras são as maiores racistas". Nós não somos: aprendemos a nos odiar a partir do ódio dos outros (a polícia militar no Brasil é um exemplo gigantesco desse auto-ódio) e aprendemos a nos subalternizar a partir de uma construção subjetiva através de um espelho quebrado (como a gente não se vê potente, a gente não se pensa potente).

A gente nasce e se forma humanamente neste país naturalizando pobreza de gente preta, naturalizando subalternidade e ausência nos espaços de poder, naturalizando criminalidade, normalizando a desimportância da vida de gente preta. Aí quando você, mesmo você, antirracista, vê uma pessoa negra num carrão na rua, por mais que não verbalize (para não parecer racista), você vai se perguntar de onde vem aquele dinheiro ou vai rapidamente atribuí-lo ao fato de o sujeito ser jogador de futebol, cantor de funk ou de pagode. É aquela coisa de uma pessoa branca de paletó ser empresária e a preta ser segurança ou pastor de igreja protestante; aquela coisa de um branco correndo ser atleta e um preto correndo ser suspeito; de um branco de jaleco no hospital ser o médico e um negro de jaleco ser o auxiliar de enfermagem. Essa e tantas outras conjecturas estão aí, na sua mente, por mais que você não queira.

Não é necessariamente sobre você, é sobre um sistema que te forjou para olhar o mundo sob a óptica de uma racialidade que hierarquiza pessoas por seu fenótipo. Isso é racismo e ele está aqui, está aí, está acolá. Não precisa ficar desconfortável por se entender e se assumir racista; é um passo importante no processo de enfrentamento disso, inclusive. Pessoas brancas no Brasil são racistas, e pessoas negras reproduzem o racismo.

Voltando para a questão do antirracismo, ele é caracterizado pelo protesto, pelo enfrentamento, pela denúncia do racismo. O antirracismo é uma categoria ocidental, não é afrocentrada, uma vez que categorias afrocentradas são atravessadas em sua constituição pela agência africana, e a agência se relaciona com o modo de ser, estar, se relacionar, pensar e construir o mundo.

O antirracismo, uma luta de todos

O antirracismo é uma responsabilidade ocidental cujo centro é o racismo, por ser uma construção ocidental. Em outros termos, enquanto, numa perspectiva afrocentrada, a minha preocupação fundamental é me formar e formar nossas crianças a partir de uma lógica do reforço positivo, por meio do que a nossa ancestralidade africana nos informa – que somos os primeiros humanos, os primeiros reis, as primeiras rainhas, pioneiros na química, na matemática, na medicina, na filosofia –, a perspectiva antirracista tem como eixo central a negação do que o ocidente fez de nós: eles dizem "suas vidas são desimportantes", nós retrucamos "vidas negras importam"; eles dizem que somos feios, burros, sem cultura, incivilizados, e nós passamos a vida inteira tentando provar o contrário.

Por essa razão, na Escola Afro-brasileira Maria Felipa o foco central das nossas práticas pedagógicas não é o antirracismo. Acreditamos que crianças que estão sendo formadas precisam se nutrir do que elas efetivamente são e não do que não são, mas que disseram acerca delas como mecanismo de controle social. Não precisamos dizer para elas "o seu cabelo não é feio"; nós simplesmente afirmamos "o seu cabelo é lindo"; não precisamos dizer que elas não vieram de escravizados; nomeamos cada turma em homenagem a reinos africanos e ameríndios (Kush, Ashanti, Daomé, Mali, Maia, Inca, Povos Tupinambás, Kemet etc.) e dizemos "vocês descendem de reis e rainhas". Não precisamos dizer que elas não são burras, dizemos que a matemática surgiu em África, por exemplo, e apresentamos o papiro de Ahmes com formulações matemáticas e aritméticas, o osso de Lebombo e de Ishango, que são os artefatos matemáticos mais antigos do mundo. Mostramos e jogamos Mancala, falamos das formas geométricas e de suas simetrias nos tecidos da costa, nos fractais africanos, nas tranças nagô... eles e elas aprendem na dinâmica cotidiana escolar que pessoas negras pensam e produzem conhecimento há muito tempo.

A luta antirracista como centralidade da vida de pessoas negras é adoecedora. Passamos a vida inteira tensos e armados para reagir ao primeiro sinal (e eles não são poucos) de rebaixamento e humilhação. Sem contar certas pessoas brancas que ficam o tempo todo enchendo o saco, querendo que, além de resolvermos os nossos bagulhos psicológicos e de sobrevivência objetiva, nós as eduquemos em relação ao papel delas na luta antirracista.

O papel da branquitude na luta antirracista é o papel de quem criou o racismo, então compreendo que as pessoas brancas críticas terão que construir

por si sós esses caminhos, até porque essa atuação está no campo existencial da branquitude e nós, negros, pouco conhecemos as suas nuances, pois não transitamos nos mesmos lugares, seja territorial ou subjetivamente. Sim, o livro fala desde seu título sobre antirracismo, mas para nós, negros e negras, ele não é o melhor dos mundos. Bom mesmo seria que o racismo não existisse, pois isso implicaria a inutilidade/inexistência do antirracismo.

As pessoas brancas têm um papel importante na luta antirracista. Obviamente que não é um papel tutelador, infantilizador de pessoas negras, mas sim um papel que se relaciona com o seu próprio campo de atuação, com o que elas podem fazer nos espaços em que não estamos.

Vou dar um exemplo a partir de outra vivência minha: certa vez me chamaram para a mesa de abertura de um documentário sobre pessoas trans aqui em Salvador. Imediatamente, ainda durante a ligação telefônica, eu respondi que, enquanto pessoa cis, não fazia muito sentido aquele convite, e passei o contato de três intelectuais trans fodas que certamente agregariam bem mais ao debate que eu. No entanto, em outra ocasião, eu, na condição de membro de um conselho superior na reitoria da universidade, que não tinha nenhum professor ou professora trans, integrei uma comissão que pensou uma minuta de resolução de reservas de vagas para pessoas negras em programas de pós-graduação e ali, obviamente, na ausência absoluta de pessoas trans, propusemos vagas supranumerárias para essa comunidade.

Não fiz algo do tipo "como eu sou cis, não tenho lugar de fala na luta de pessoas trans, então não posso falar sobre o assunto". ==Vejo muita gente branca antirracista se utilizando desse entendimento equivocado de lugar de fala para se silenciar e não se colocar devidamente pela equidade racial em espaços sociais onde elas estão e aonde nós, negros e negras, ainda não chegamos.==

O lugar de fala de cada um

Sobre lugar de fala, é importante destacar que todo mundo tem o seu. Vou trazer para você uma alegoria que pode melhorar a compreensão sobre o assunto: vamos imaginar que fui furtada no ônibus e que, na sequência, a mídia chegou para televisionar o ocorrido. Fui entrevistada e falei do furto pela óptica de quem estava tranquila sentada, de quem levou um grande susto, perdeu a carteira e o celular, de quem ouviu os gritos do assaltante. O assaltante, por sua vez, foi entrevistado e falou sob o ponto de vista de quem precisava daqueles itens por alguma razão: entrou no ônibus e me achou mais vulnerável por eu estar com o celular na mão, distraída; me achou bem posicionada, pois estava sentada próximo da porta de saída. Outras pessoas do ônibus foram entrevistadas e cada uma falou com base no que viu, pois todo mundo presenciou o assalto e tinha uma narrativa a respeito.

Perceba que cada pessoa tem um lugar de fala sobre o assalto – a pessoa furtada, a pessoa que furtou, as pessoas que assistiram –, mas ninguém vai conseguir falar do lugar do outro. A experiência de ter sido assaltada foi minha, ninguém vai conseguir falar sobre o que eu vi, vivi e senti, mas as pessoas conseguem falar do incidente segundo suas ópticas e impressões.

O lugar de fala na questão da luta antirracista é muito similar: a partir do momento em que entender que vivemos em uma sociedade estruturalmente racista, você terá o que falar sobre ela, a partir do seu olhar, a partir da sua vivência, sem precisar "falar por quem foi assaltado", mas falando do lugar de quem viu tudo e/ou de quem contribuiu para o acontecimento em alguma medida.

Você, professor, professora branco/a, não só pode como deve abordar as questões étnico-raciais na sala de aula. Você tem o seu lugar de fala, e é um lugar precioso, considerando que está em uma condição de respeito e admiração diante da estudantada. ==Não dá para perder a oportunidade de falar sobre equidade racial por ser branco/a e, por isso, por esse lugar de sujeito universal, não se sentir racializado e não se sentir inserido na pauta.==

Fale do seu entendimento, da sua percepção, mas também escute e aprenda com pessoas negras, leve essas pessoas para a sala de aula para criar autoidentificação com a juventude negra. Acompanhe suas páginas nas redes sociais e indique para os jovens, leia seus livros e artigos e trabalhe trechos em sala de aula, assista a vídeos e cursos *online* ou presenciais de pessoas negras e indique para seus colegas de trabalho; paute com eles, em seus projetos, uma abordagem transversal da ERER que não seja centralizada no 20 de novembro e que coloque a reflexão sempre como algo central no espaço escolar, possibilitando um olhar racializado sobre os fenômenos sociais; escute os/as jovens sobre o que eles/as têm a dizer, principalmente os/as jovens negros/as, que trarão facetas da realidade que muito possivelmente você, professor/professora branco/a, não acessou. Você vai aprender muito com eles. Aprofundar-se na história onde você está inserido/a numa posição de poder sobre um grupo todo de pessoas é o começo para exercer seu papel, passar adiante, educar os seus, educar futuras gerações.

Um caso de racismo na escola: como atuar?

O Brasil é um país estruturalmente racista e, nesse cenário, não há como fugir do racismo na escola. Como já dialogamos aqui, a escola é um complexo social gestado no interior de uma sociedade, que carrega as marcas estruturais dela. Isso não significa que, como a escola reproduz racismo, não há nada a ser feito. Muito pelo contrário: sendo a escola um espaço de reprodução dessas estruturas de opressão, precisamos pensar em mecanismos de superação dessas mazelas também, principalmente por meio do sistema educacional formal.

A pandemia de covid-19 apresentou ao mundo o racismo. Mesmo depois de séculos e séculos de genocídio, expropriação e desumanização da nossa gente, a comunidade branca mundial, majoritariamente, parecia estar alheia a todo esse grande sistema de opressão.

George Floyd e a descoberta do racismo

As pessoas descobriram a existência do racismo no mundo com a morte de George Floyd, um homem negro estadunidense assassinado em 25 de maio de 2020, em Minneapolis, estrangulado pelo policial branco Derek Chauvin, que ajoelhou em seu pescoço por cerca de dez minutos durante uma abordagem por George, supostamente, ter usado uma nota falsificada de vinte dólares em um supermercado. Isso foi filmado e apresentado a toda uma sociedade que, no alto do isolamento social, acessou essas imagens no interior de suas casas.

Foi com espanto e horror que descobriram naquele dia o ódio que o Estado tem de pessoas pretas no mundo (o ódio de quem estrangula até a morte uma pessoa enquanto ri e conversa com um colega de trabalho, o ódio de quem pode matar com uma ou duas balas, mas prefere fuzilar com 80 tiros, com 111 tiros...).

Independentemente de a nota ser falsificada ou não, a vida de George Floyd valeu exatos vinte dólares. Aquele crime contra Floyd, sua família e todas as pessoas negras ali representadas acessou todo o mundo em virtude de um contexto social no qual as pessoas estavam imersas, num universo completamente virtual: trabalhavam, estudavam, conversavam, se consultavam, namoravam, existiam pelos celulares, tablets, notebooks etc. Não foi possível naquele momento se poupar da desgraça social que nos é reservada e que somente nós acessávamos ali na bolha da favela, protegendo o mundo encantado da branquitude.

Eis que diversas manifestações antirracistas explodiram nos Estados Unidos e no mundo, tendo agora a aderência de vozes brancas nesses brados de revolta, o que possibilitou que a repercussão do caso aumentasse ainda mais, pois o mundo do poder, em especial o da mídia, é branco, e esses movimentos antirracistas chegaram lá. Com as vozes das pessoas brancas aliadas, já não se tratava mais de mimimi ou de histeria: elas traziam o peso do respeito que esta sociedade racista tem em relação a elas.

==A pandemia desvelou o racismo que estava exposto, escancarado havia séculos, mas que a ignorância deliberada da branquitude a impedia de ver.==

Isso ocorreu não só por meio do caso de George Floyd, mas o acesso ao mundo pelas telas pôde expor, em diversas gravações, situações inúmeras de opressão em todas as frentes sociais.

No caso específico da escola, como já salientado, em uma sociedade estruturalmente racista, esse ambiente não foge a essa mazela. Inúmeros casos de racismo sempre estiveram presentes em nossos imaginários coletivos de pessoas que nunca foram escolhidas como rainhas ou reis do milho, que nunca foram eleitas as pessoas mais bonitas da classe (possivelmente nossos nomes nem constavam na lista), que tinham seus cabelos associados ao bombril nas atividades escolares, que nunca foram vistas como as mais inteligentes, que sempre tiveram suas histórias ridicularizadas, que nunca foram as garotas-propaganda da escola, que nunca tiveram seus cabelos penteados nas creches, que quase nunca tinham colo no choro na infância, que nunca se viram nos espaços de poder da instituição escolar.

Essas coisas existem desde que o colonialismo é colonialismo, mas, com a pandemia, as portas da sala da escola foram abertas e as famílias negras, principalmente aquelas com letramento racial, puderam gravar e socializar os casos de racismo ocorridos na escola e visibilizados nas aulas *online*. E aqui, mais uma vez, a sociedade desavisada fez uma nova descoberta: existe racismo na escola.

Racismo é crime

O racismo é crime previsto na Lei n. 7.716/1989 e ocorre quando as ofensas praticadas pelo autor atingem toda uma coletividade, ofendendo pessoas por sua "raça", etnia, religião ou origem, não sendo possível saber o número de vítimas atingidas. No Brasil, a morte de George Floyd seria um homicídio doloso movido pelo crime de racismo.

Todos os acontecimentos que citei no parágrafo anterior se referem a situações de racismo, mas existem na escola aquelas agressões verbais, xingamentos que humilham pessoas negras puramente a partir do seu negrume, que a escola insiste em suavizar chamando de *bullying*, um conjunto de violências que se repetem por algum período contra uma pessoa, geralmente agressões verbais, físicas e psicológicas que humilham, intimidam e traumatizam a vítima.

Xingar alguém de "macaco", de "betume", de "asfalto" não é *bullying*, é injúria racial, que também é crime. A Lei n. 14.532/2023, sancionada pelo presidente Luiz Inácio Lula da Silva em 11 de janeiro de 2023, tipifica a injúria racial (ofender a dignidade de alguém com base em raça, cor, etnia ou procedência nacional) como crime de racismo.

"Mas, Bárbara, você está propondo, então, prender as crianças e jovens que cometem esses atos nas escolas?" Não! O que me proponho a fazer aqui é pensar no que a escola pode fazer compreendendo os aspectos estruturais desses casos.

> **Nenhum crime de racismo pode ser tratado como algo pontual, por mais que a lei os coloque nesse lugar.** Obviamente que a ideia da legislação é que o racista seja preso ao cometer o crime (é o que nós esperamos também); entretanto, esse entendimento pontual do racismo não nos ajuda na compreensão de sua dimensão estrutural.

Eles não são monstros e não são solitários

As pessoas tendem a atomizar e distanciar o racismo, ou seja, elas lhe conferem uma dimensão patológica. "O fulano é um grande racista, um doente, um abjeto..." Sim, pode até ser que o fulano seja isso tudo aí mesmo, mas essa lógica de individualizar a opressão só prejudica o enfrentamento dela. Vou explicar isso com base na opressão da mulher na sociedade ocidental: recentemente tivemos o caso odioso do médico que estuprou a paciente no parto. Ali não dava de jeito nenhum para usar o discurso da cultura do estupro – "poxa, mas também, né? Com as pernas abertas pra parir daquele jeito, ela tava pedindo!" –, então na nossa sociedade prevaleceu o discurso patológico do monstro, de que ele era um doente.

Pontuar e isolar o caso e o sujeito não nos ajuda na resolução do problema. No Brasil, uma mulher a cada dez minutos é vítima de estupro (isso foi o que o Fórum Brasileiro de Segurança Pública conseguiu registrar em 2021; não estamos nem contando os casos sem boletim de ocorrência). Em outros termos, a sociedade está cheia de "monstros" espalhados por aí; eles são os pastores ou padres, os vizinhos, os pais, os padrastos, os tios, os primos. São homens forjados em uma cultura misógina e patriarcal, na qual a posse e o ódio de mulheres os moldam.

Voltando para a questão do racismo, podemos aplicar o mesmo entendimento anteriormente desenvolvido: não dá para imaginar que existem pessoas solitariamente racistas no Brasil se o nosso país mata um jovem negro a cada 23 minutos. É lógico que há um problema muito maior a ser enfrentado do que meramente a mente psicopata de um racista canalha: as estruturas sociais que não só formaram, mas principalmente que autorizaram esse sujeito. Nos quatro anos de governo Bolsonaro, foi impressionante a quantidade de "ratos que saíram do esgoto" se sentindo autorizados e legitimados a destilar ódio, principalmente nas redes sociais, contra negros e negras, indígenas, quilombolas, mulheres, comunidade LGBTQIAPN+, pobres, entre outros. E os ratos estão inseridos em um contexto social no qual essas falas são reproduzidas por um chefe de Estado, ou seja, não há isolamento nessas questões; existe uma estrutura social que mobiliza as pessoas para tais ações e entendimentos.

Voltemos para a questão da escola. Logo que abri a Escola Afro-brasileira Maria Felipa em Salvador, lembro que duas escolas privadas da cidade me ligaram pedindo uma espécie de intervenção em casos de racismo. As escolas tinham promovido aquelas atuações ridículas de gerar o constrangimento de colocar a criança que xingou a outra de "macaco" frente a frente com a que foi chamada, junto com suas famílias, para conversar e pedir desculpas, como quem lava as mãos diante do problema e o insere em uma esfera apenas familiar (durante a pandemia, tivemos até criança expulsa da escola e proibida de se matricular no ano seguinte em virtude do racismo), um olhar altamente singularizador da opressão.

Nesses convites, eu ouvi bastante o outro lado da ligação telefônica e, quando compreendia a situação e a abordagem, me colocava: "Tudo bem, eu até posso prestar esse serviço para vocês, mas primeiro preciso fazer algumas perguntas: como está o currículo de vocês? Qual história negra vocês contam? A de que a nossa história começou há mais de trezentos mil anos ou a história dos quatro séculos de escravidão nas Américas (massivamente apresentado em dezesseis anos de vida escolar)? Como está a representação de pessoas negras nas literaturas utilizadas pela escola? E na estética da escola: paredes, *outdoor*, placas, panfletos de matrícula? E no corpo profissional escolar, onde estão as pessoas negras? Elas ocupam os cargos de direção, coordenação, psicologia, financeiro, administração ou estão apenas nos espaços subalternizados, limpando o chão, abrindo o portão e servindo cafezinho?".

Nessas conversas, eu desestruturava o foco do diálogo racista e mostrava que, sem um enfrentamento sério e holístico da questão da opressão racial, não havia possibilidade do avanço da nossa conversa. Qual o resultado? Nenhuma das duas escolas me ligou novamente.

Formando educadores antirracistas

Quando iniciamos os trabalhos letivos na Escola Afro-brasileira Maria Felipa, tínhamos um déficit muito grande na formação de professores e professoras no estado da Bahia no tocante às relações étnico-raciais (sim, Bahia, um estado com mais de 70% de sua população negra). Eu compreendi que dificilmente encontraríamos profissionais com letramento racial para trabalhar na escola de pronto. O meu movimento naquele contexto foi, então, formar com intensidade os educadores e educadoras contratados pela escola.

O nosso primeiro ano letivo foi em 2019, mas em 2018 a casa da escola já havia sido alugada, já existia uma estrutura escolar, já tínhamos até o CNPJ da escola. Nesse ano de 2018, para a casa não ficar em desuso completo, passamos a fazer formações correlatas à educação para as relações étnico-raciais uma vez por mês aos sábados (isso também ajudou a divulgar a escola). Naquelas formações, alguns/algumas profissionais interessados/as em atuar na escola começaram a aparecer e eu já fui observando e convidando para compor a nossa equipe.

No entanto, a maioria dos profissionais entrou em janeiro de 2019, extremamente carente em formação sobre os aspectos de raça, gênero e sexualidade. Tinha gente negra da comunidade LGBTQIAPN+ que não sabia que era negra e muito menos sabia diferir um homem gay de uma mulher trans na escola (chamava todo mundo de "veado"); tinha professora negra que comentava sobre o cabelo de crianças, se estava penteado ou não, gente que não sabia o que fazer quando aparecia uma criança lida socialmente como um menino usando um vestido rosa e os coleguinhas zoavam. Lembro de ver profissionais negras que arrumavam mais o cantinho do soninho para as crianças brancas e davam mais colo para elas. Não gosto nem de recordar: as pessoas viviam reproduzindo naquela microestrutura dos sistemas de opressão aos quais elas eram submetidas na macroestrutura; era um grande caos.

No primeiro mês de trabalho de todos/todas os/as profissionais da Maria Felipa, as formações eram diárias; a maioria das formações era no âmbito do letramento racial, mas formávamos também sobre questões de gênero, classe, sexualidade, sobre infância, sobre afetividade, sobre BNCC (a nova Base Nacional Comum Curricular estava sendo lançada, era algo novo para todo o Brasil, então tivemos que desbravá-la para formar nossos/as educadores/as, mas principalmente para a escrita do nosso Projeto Político-Pedagógico).

Depois, mantivemos as formações quinzenais, e todos e todas as profissionais da escola participavam: professores/as, professoras-assistentes, secretária, assistente de financeiro, coordenação, direção, profissionais da limpeza, porteiro, psicóloga escolar. Desde o início tivemos a compreensão de que todas as pessoas que atuam no interior de uma escola são educadoras e precisam ser formadas, não apenas professores/as.

Falei aqui bastante sobre o aspecto da formação, pois ele é importantíssimo para qualquer escola que se propõe a ser antirracista. Esse compromisso formativo continuado precisa ser assumido pela escola, seja formando internamente, seja contratando pessoas com *expertise* prática e teórica no campo. Infelizmente os cursos iniciais de formação de professores/as (pedagogias e licenciaturas) no Brasil não cumprem esse papel, mesmo depois de vinte anos da Lei n. 10.639/2003. Fizemos isso pontualmente com nossos/as educadores/as, que se desenvolveram localmente e depois se tornaram sementes, aprimorando os conhecimentos adquiridos não só nas práticas escolares na Maria Felipa, mas nos seus outros locais de trabalho e na sua vida como um todo.

Vale destacar também que, com o crescimento da escola, pessoas de todo o Brasil passaram a pedir que contássemos um pouco dos nossos processos pedagógicos. Vimos ali que havia uma carência gigantesca nos/as educadores/as de todo o país e passamos a oferecer cursos *online* desde o início da pandemia de covid-19, em 2020.

Lembro que as 250 vagas oferecidas para a primeira turma do curso, que logo na sequência denominamos AfroEducativa, foram preenchidas na chamada do Google Meet com os/as profissionais da nossa escola e com pessoas diversas de todo o país, o que reforçava quão deficitária era e segue sendo a formação no quesito das relações étnico-raciais no Brasil.

Além de formar os/as profissionais da escola, as ações antirracistas que desenvolvemos nos levaram a pensar uma campanha publicitária que envolvesse majoritariamente crianças negras e a contratar pessoas negras em sua maioria para o corpo de profissionais, principalmente para os espaços de poder da escola (direção, coordenação etc.), a fim de que as crianças se vissem ali representadas e compreendessem que pessoas negras podem estar em quaisquer espaços sociais.

Estruturei um calendário decolonial para dar conta das festividades escolares, mas que não fosse eurocentrado e que tivesse datas comemorativas de base indígena e africana também. Além disso, pensamos em um currículo e uma organização didático-pedagógica que valorizassem bastante a cultura africana, afrodiaspórica e indígena.

Inicialmente propus um projeto pedagógico anual e o apresentei para os professores e professoras. Isso ocorreu nos anos de 2019 e 2020. Já em 2021 e 2022, eles e elas tinham maturidade intelectual e prática para pensar sozinhos/as os projetos. Fiquei muito feliz em ver que o nosso trabalho formativo estava possibilitando que as pessoas crescessem e avançassem enquanto educadores/as, mas principalmente enquanto gente.

A referência fundamental para nós, na Escola Afro-brasileira Maria Felipa, no processo de contratação de um/uma profissional era/é sempre o encantamento, o brilho nos olhos, a magia da infância, a predisposição para a aprendizagem. Nós entendemos que com essas coisas construímos o mundo.

Aprender dói

Aprender não é um processo trivial; costumo dizer que o processo de aprendizagem "desrespeita" as estruturas cognitivas. Não é à toa que geralmente as pessoas são fundamentalistas em seus conhecimentos e só querem saber o que já sabem. Aprender "dói", tanto do ponto de vista psíquico, no sentido de se apropriar do novo e de reestruturar seu pensamento a partir deste, quanto do ponto de vista social. Imagine a dor de uma mulher negra auxiliar de classe em uma escola compreender, mediante esses nossos processos formativos, que ela só tem interesse em pentear as meninas de cabelo liso e descobrir as razões disso, razões estas que estão muito distantes de serem apenas por grau de praticidade ou não no pentear. Até porque, por uma estrutura lógica, é muito mais divertido pentear um cabelo crespo, pois nele a gente consegue fazer inúmeros penteados, enquanto no cabelo liso isso fica limitado em virtude da própria estrutura do cabelo.

É doloroso para essas mulheres entender que elas não gostam de pentear o cabelo de crianças negras porque ninguém gostava de pentear o cabelo delas, nem sabiam fazer carinho no cabelo delas. Crenças racistas fazem com que mulheres e homens negros não recebam carinho, ou porque a sociedade acha que não precisam ou porque verticalizam o carinho para baixo na cabeça e não conseguem acariciar um cabelo black, dredado, de trança. É uma aprendizagem de dor para essas mulheres, algo que atravessa as suas lágrimas derramadas e negligenciadas ao longo de uma vida, que atravessa as queimaduras do couro capilar desde o ferro até a guanidina que usam para se moldar a alguma medida social e serem aceitas, que atravessa a compreensão do auto-ódio delas, porque isso é reverberado nas crianças parecidas com aquelas que elas foram.

Um conhecimento não facultativo

Na universidade são várias as possibilidades de pensar e atuar de modo antirracista. Entretanto, a colonialidade que atravessa e alinhava as estruturas acadêmicas no Brasil ainda hoje barra esses processos.

A Lei n. 10.639/2003 incluiu na Lei n. 9.394/1996 (Lei de Diretrizes e Bases da Educação Nacional) a obrigatoriedade do ensino de cultura e história africana e afro-brasileira em toda a extensão curricular da educação básica. A Lei n. 9.394 foi novamente alterada em 2008 pela Lei n. 11.645/2008, que incluiu na BNCC a história e a cultura indígenas. Todas são conquistas históricas dos movimentos negros e indígenas organizados; não se trata de concessões governamentais, mas sim de direitos adquiridos de maiorias minorizadas.

A lei é um mecanismo importante, principalmente na diminuição do desgaste energético por parte da militância. Você, professor antirracista, não deve abordar em sala de aula a cultura africana, afro-brasileira e indígena pela obrigatoriedade legal, mas sim pela consciência de reparação histórica. Entretanto, a lei é importante, pois, onde a consciência não chega, a obrigatoriedade legal age.

A letra da lei é explícita ao dizer que cria a obrigatoriedade em toda a extensão curricular. Isso significa que não é facultativa a abordagem da educação para as relações étnico-raciais em toda a extensão curricular, tanto nos componentes curriculares – ou seja, nas disciplinas – como em todo o percurso formativo educacional formal, no Brasil desde o grupo IV, com as crianças de 4 aninhos, até o final da escola básica, adentrando nas universidades nos cursos de pedagogia e nas licenciaturas – afinal de contas, quem vai atuar nas escolas educando a estudantada acerca dessas questões?

Assim, as Leis ns. 10.639/2003 e 11.645/2008 estão postas para as universidades também, e isso impõe ao ensino superior a necessidade de reestruturação curricular na formação inicial de educadores e educadoras, criando novos componentes com programas e ementas que abordem a ERER.

É preciso intelectualizar pessoas negras

Nesse sentido, destaco a importância de intelectualizarmos pessoas negras. Se fomos destituídos de humanidade pelo atributo da razão, é pelo intelecto que reconquistamos a nossa dimensão humana. Desse modo, apresentar referências teóricas de intelectuais negros e negras é essencial.

Para além de citar intelectuais negros e negras, a universidade precisa principalmente se enegrecer, contratando intelectuais e cientistas, pesquisadores/as negros e negras. Onde estamos não só nos tornamos representatividade e fortalecimento para quem chega, mas sobretudo porque pessoas negras com letramento racial, quando ocupam um espaço de poder como o espaço acadêmico, pautam suas próprias agendas.

Eu, por exemplo, no aquilombamento na origem do coletivo Luiza Bairros, juntamente com diversos/as outros/as professores/as, estudantes, profissionais de várias áreas da universidade, pautei o cumprimento da Portaria 13/2016 da Coordenação de Aperfeiçoamento de Pessoal de Nível Superior (Capes), que estabelecia reserva de vagas nos programas de pós-graduação de no mínimo 30% para pessoas negras, bem como a internacionalização da universidade, buscando convênios de pesquisa com países africanos e o cumprimento da Lei n. 12.990/2014, que previa cotas para pessoas negras no funcionalismo público, inclusive docentes, determinação para a qual a universidade fazia vista grossa. Assim sendo, enegrecer os espaços acadêmicos é uma importante estratégia antirracista.

Pessoas negras não são obrigadas a falar sobre negritude na academia, mas a presença delas ali já gera um ambiente representativo e diverso – isso é importante e saudável para o desenvolvimento do pensamento. No meu caso, sou uma pesquisadora da educação científica que trabalha com a perspectiva das relações étnico-raciais. Logo, a minha presença naquele espaço extrapola a dimensão da mera representatividade.

Ao longo desses anos, pude criar componentes curriculares afrorreferenciados na graduação e na pós-graduação, criei o grupo de pesquisa DICCINA (Diversidade e Criticidade nas Ciências Naturais), escrevi livros e artigos, compus comissões para pensar políticas antirracistas no *campus*, orientei pesquisas de graduação, mestrado e doutorado na temática etc.

Em suma, na universidade é importante intelectualizar pessoas negras e valorizar suas epistemes[1], seja pela via do acesso teórico nos componentes curriculares, seja pela via do enegrecimento corpóreo e intelectual docente das instituições de ensino superior brasileiras.

---

[1] Uma variante para epistemologia.

Como pensar práticas antirracistas em sala de aula?

Chegou a parte mais esperada do livro, aquela para a qual todo mundo anseia uma receita de bolo (risos), um procedimento, um passo a passo. Espero que o/a desavisado/a que chegou até aqui com essa expectativa não se frustre, mas não farei isso por completo. Vou falar dessas práticas a partir da minha produção literária e também a partir das experiências pedagógicas da Escola Afro-brasileira Maria Felipa, mas fora da perspectiva sistemática de um receituário. ==Compreendo como práticas antirracistas aquelas voltadas para a denúncia do racismo no sentido maior de sua reversão/destruição.== Como já salientei, o racismo é um problema social criado pelo ocidente com o intuito de diferenciar, hierarquizar e dominar pessoas. Nesse sentido, trata-se de uma problemática de agência ocidental e o seu reverso, o antirracismo, também.

Na Maria Felipa, as práticas pedagógicas de base africana/afrodiaspórica ou indígena buscam ter a agência africana/afrodiaspórica ou indígena, ou seja, a centralidade existencial (ética, estética, política, teórica, prática) desses povos. É sobre cosmopercepção de base, um "palavrão" que remete ao modo de ser, estar, criar e reproduzir o mundo de um povo.

Um mundo individualista e desumanizado

Trata-se de cosmopercepção quando pensamos a dinâmica da coletividade fora do pensamento ocidental. Comunidades africanas e indígenas não são imanentemente individualistas e proprietárias privadas, como pautam Thomas Hobbes e tantos outros filósofos em suas ópticas de refletirem a vida humana.

Não, o homem não é (biologicamente) o lobo do homem; não se trata de geneticamente ser primeiro eu, segundo eu, terceiro eu no exercício da nossa humanidade. Aprendemos culturalmente a sermos individualistas. Tolamente individualistas. Algum desatino social ocidental nos fez acreditar que podemos viver sós no mundo, que sobreviveríamos se assim fosse. Criamos nossas noções limitadas de família (diferentemente das culturas africanas e ocidentais, nas quais a família é todo o grupo étnico) e acreditamos que tudo o que importa no mundo é a minha "fam-ilha", a nossa ilha social, isolada do restante dos nossos semelhantes humanos. Com isso, olhar para pessoas com fome nas ruas, sem as condições mínimas de dignidade humana, não nos diz nada, pois essas pessoas não fazem parte da nossa pequena ilha social.

Nesse sentido, do individualismo presente na constituição humana dentro da óptica do mundo ocidental, passamos a fazer coisas muito pouco inteligentes, inclusive do ponto de vista da nossa sobrevivência pessoal. Por exemplo, com a alienação presente na nossa sociedade, acreditamos que o mundo não é humanizado, ou seja, que não existe trabalho humano incorporado no macarrão, no feijão, no tomate que você compra no mercado; que não há trabalho humano incorporado nas suas vestimentas, nos seus acessórios, nos seus óculos, na sua casa e nos móveis dela, no carro, ônibus ou metrô que você usa para se deslocar. Gente, tudo isso foi feito por seres humanos!

Talvez seja o fetichismo da mercadoria que crie a categoria social da alienação, na qual o trabalhador ou a trabalhadora que coloca o pneu do carro na sua linha produtiva de montagem não se veja no todo do carro, se veja apenas como um/a colocador/a de pneu e não um/a fazedor/a de carro, diferentemente do que é apontado lindamente por Lúcio Barbosa dos Santos na sua composição "Cidadão":

> Tá vendo aquele edifício, moço?
> Ajudei a levantar.
> Foi um tempo de aflição.
> Era quatro condução.
> Duas pra ir, duas pra voltar.

Nessa óptica de destituição de humanidade das objetivações sociais, nos permitimos achar que podemos viver solitariamente no mundo a ponto de, em uma pandemia de covid-19, corrermos para as farmácias e comprar todas as máscaras, todos os litros de álcool em gel, esvaziar as prateleiras dos supermercados, imaginando que nós, sozinhos, podemos viver num mundo distópico sem as pessoas que produzem as máscaras, o álcool gel, os mantimentos alimentícios – danem-se elas! É tão pouco inteligente isso, não é mesmo? Mas a cosmopercepção ocidental nos faz pensar assim.

A filosofia Ubuntu: eu sou porque nós somos

Nas culturas africanas de base bantufona, por exemplo, a percepção de relacionamento entre você e os outros é completamente distanciada do entendimento ocidental. Os povos bantus são grupos etnolinguísticos africanos caracterizados pela cultura de pluriversalidade e estão espalhados por todo o território do continente africano. Os bantus criaram o Ubuntu, uma filosofia africana baseada no conceito de que eu não posso ser feliz sozinha, principalmente se a minha felicidade torna alguém infeliz.

No Ubuntu se entende que "eu sou porque nós somos". Trata-se de união. Para essa filosofia, a humanidade deve caminhar de mãos dadas rumo a um mesmo objetivo. Ela expressa que as pessoas são mais importantes que as coisas e valoriza a coletividade.

No Ubuntu, a marca da natureza é a unidade e, nessa perspectiva, o fundamental não é o EU, mas sim o NÓS. Contudo, não se trata da mera união física intencional, e sim de entender que você precisa dos outros para ser você mesmo; é uma unidade pautada na essência por meio de uma cosmovisão unívoca, que indissocia o EU do NÓS.

Nessa filosofia, o outro assume um lugar de suma importância na constituição do eu. Entende-se por outro tudo aquilo que não sou eu e, nesse sentido, é tudo que materialmente está fora de mim, seja ele humano ou não. Assim, o cuidado do outro (humanos, animais, natureza, universo) é cuidar de mim mesmo. O outro aqui é diferente da óptica cristã ocidental, na qual esse entendimento perpassa a proximidade estética humana de ser a sua "imagem e semelhança", assim como o Deus judaico-cristão.

A velhice em uma cultura de respeito

Outro lugar de reflexão importante para compreendermos o que vem a ser a cosmopercepção ocidental e sabermos que ela não é o único modo de ser e estar no mundo como crescemos acreditando é o entendimento da velhice. Lembro de uma vez em que o Ailton Krenak contou, no programa *Roda Viva*, uma experiência de diálogo com um taxista de São Paulo, que ficou chocado com o fato de ele não ter aposentadoria. O taxista ficou inconformado, preocupado, revoltado com o fato de Krenak não ter se aposentado. Entretanto, o próprio Krenak respondeu: "Fique tranquilo, isso não é um problema para mim e para o meu povo. O meu povo nunca me deixaria passar necessidade".

A fala do Ailton Krenak envolve duas questões. Uma já sinalizamos aqui, que é a do senso de coletividade; e a outra é a que me proponho a explanar um pouco agora: a do ancião. No ocidente criou-se a cultura da desimportância da velhice, bem como da sua infantilização. Não é pouco comum encontrarmos pessoas se referindo a idosos dizendo que têm uma criança em casa; isso expressa não só a ideia de tutelamento do idoso como a noção de que idoso não informa/não ensina (como o ocidente também lê suas crianças: elas serão algo um dia; enquanto crianças, elas não são).

Nesse sentido, precisamos de lugares para idosos nos transportes públicos, de filas de prioridade em bancos, precisamos criar a obrigatoriedade e o constrangimento do cuidado, caso contrário o idoso no ocidente é um embuste social, um problema, é visto como um peso para a sociedade, essa população economicamente inativa. Não há relatos de comunidades indígenas ou povos africanos que tenham desenvolvido asilos. Seria um grande absurdo para esses povos pegar o seu ancião/sua anciã e colocá-lo/a distante, num lugar de ausência cotidiana de acesso comunitário. Isso porque, nessas culturas, o ancião é o sujeito mais importante do grupamento social; trata-se do sábio, um livro vivo diante dos olhos da comunidade. Então, não faria sentido criar um asilo e isolar essa pessoa de tamanha sabedoria, com um conhecimento tão fundamental para o crescimento dos seus.

Reside aqui também a tranquilidade do Ailton Krenak: enquanto ancião de uma comunidade, ele sabe da sua relevância e tem consciência de que nada faltaria para ele no seu contexto vivencial, pois o que as pessoas ali querem e necessitam é que ele viva o máximo possível.

Eu poderia trazer outros exemplos para explicar o que é cosmopercepção, poderia falar do nosso entendimento de infância, da nossa relação com a natureza, da nossa noção de tempo, da nossa relação com o dinheiro, poderia explicitar uma série de entendimentos ocidentais limitados e limitadores acerca desses aspectos. Contudo, julgo que as explicações sobre a cultura do individualismo e da desimportância da velhice já são suficientes para você compreender que o ocidente produz um modo de produção e reprodução da existência que não é o único possível no mundo; existem outros modos de ser, estar e se relacionar.

Nessa perspectiva, as práticas pedagógicas da Escola Afro-brasileira Maria Felipa buscam seguir majoritariamente a ordem das agências africanas e indígenas, situando-se nas cosmopercepções desses povos. É por isso que as práticas antirracistas, que são aquelas que orbitam em torno de um problema de agência ocidental, acabam não sendo o eixo central da nossa escola, mas elas estão presentes.

Um projeto pedagógico baseado em potências culturais

A Maria Felipa busca construir um sistema educacional em articulação com os documentos oficiais do MEC, visando pautar o projeto histórico que almejamos a partir da não estereotipagem das práticas pedagógicas no âmbito da educação para as relações étnico-raciais.

Nossas crianças aprendem, sim, sobre as potências da cultura afro-brasileira, tais como capoeira, maculelê, samba, culinária ancestral (feijoada, acarajé etc.), mitologia de orixá, mas aprendem também aritmética com base em artefatos matemáticos africanos, como o Osso de Lebombo e o Osso de Ishango (reproduzindo essas estruturas em argila), aprendem formas geométricas com base em papiros africanos, como o papiro de Ahmes, e também a partir das tranças nagô e dos fractais africanos; com os tecidos da Costa, elas reproduzem maquetes de pirâmides.

Ainda no campo da etnomatemática, nossas crianças aprendem sistemas de contagem com búzios e raciocínio lógico por meio de jogos matemáticos africanos como o mancala. Como a educação infantil é um espaço de criação do ambiente de letramento e o ensino fundamental é o próprio desenvolvimento do ciclo de letramento, e considerando que a escrita surgiu em África em 3.500 a.C., no mesmo período em que surgiu a escrita cuneiforme dos sumérios, apresentamos às nossas crianças os hieróglifos e suas simbologias, bem como os adinkras, também buscando fortalecer esse processo de escrita a partir das referências de pioneirismo ancestral.

Como disse antes, cada turma da Escola Afro-brasileira Maria Felipa é nomeada por um reino africano ou ameríndio. São eles: Império Inca, Reino de Daomé, Império Maia, Império Ashanti, Império de Kush, Império do Mali, Povos Tupinambás, dentre outros. A ideia é gerar nas crianças a sensação de que elas fazem parte da realeza, bem como destacar que não são apenas descendentes de europeus que possuem ancestralidade real. Os povos africanos e indígenas também eram reis e rainhas; no caso específico africano, os primeiros reinos surgiram lá.

Outro aspecto importante de nossas práticas na escola são os projetos anuais sempre afrocentrados. No primeiro ano letivo da escola, por exemplo, o projeto pedagógico anual se chamou "O que há de Améfrica em nós?" e tinha como organização temporal a dinâmica trimestral em perspectiva Sankofa, que é uma filosofia africana representada pictoricamente por uma ave que gesta um ovo e que tem a cabeça voltada para trás;

isso significa que é só sabendo de onde viemos (olhando para trás) que sabemos quem somos; e é só sabendo de onde viemos e quem somos, a partir da nossa agência ancestral, que conseguimos construir novos passos rumo à emancipação do nosso povo. As três unidades eram: ancestralidade, identidade e comunidade. Esses eram os seus temas geradores.

Em articulação com os projetos pedagógicos anuais, temos os projetos permanentes: AFROTECH e "Desconstruindo mitos sobre intelectualidade negra e indígena". No caso da AFROTECH, trata-se de uma feira de ciência e tecnologia ancestral africana e afrodiaspórica na qual, baseados fundamentalmente no meu livro *História preta das coisas: 50 invenções científico-tecnológicas de pessoas negras*, as crianças, em parceria com suas professoras e seus professores, bem como em articulação com os familiares, constroem maquetes de artefatos científico-tecnológicos africanos e os expõem em estandes na escola. O processo é lindíssimo e a culminância, também.

Já o "Desconstruindo mitos acerca da intelectualidade negra e indígena" é um projeto transversal que se propõe a levar para a escola e criar um diálogo com as crianças pessoas negras e indígenas em condições de poder, visando construir referências positivas para nossos/as alunos/as.

Desse projeto já participaram cientistas, desembargadoras, engenheiros/as, políticas, cantores/as, lideranças de comunidades indígenas, artistas, entre outras pessoas com esse perfil.

A proposta decolonial

Outra questão que mereceu atenção no processo de construção da perspectiva didático-pedagógica da Maria Felipa foi a seleção das datas comemorativas. No processo de idealização de uma escola afro-brasileira e decolonial, eu, professora, não imaginava a dimensão dos enfrentamentos que teria pela frente para além da escrita de um Projeto Político Pedagógico: os diálogos com a Secretaria da Educação buscando explicar o que era uma escola afro-brasileira, os aspectos burocráticos do registro da empresa e da marca, a formação de educadores e educadoras, a construção de uma perspectiva de gestão decolonial, o marketing, a manutenção do alinhamento e da coerência entre o PPP e os planos de aula diariamente desenvolvidos pelo corpo docente, a carência financeira e tantas outras etapas a cumprir.

Como já salientei, várias foram as preocupações no processo de idealização desse projeto pedagógico, e a questão das datas comemorativas foi uma delas. Eu sou professora do nível superior e, na formação de professores/as nas ciências da natureza, especificamente na química, minha atuação na escola básica no contexto dela era no âmbito do ensino médio. No entanto, para fundar a Escola Afro-brasileira Maria Felipa, deparei com todos os dilemas da educação infantil. Escolas infantis e de ensino fundamental têm como importante marco pedagógico a presença de datas comemorativas no planejamento escolar, que impactam diretamente no desenvolvimento didático dos planos anuais.

Nesse contexto, as professoras começaram a me questionar principalmente sobre as datas cristãs: "Bárbara, vamos incluir a Páscoa no calendário? E o São João? E o Natal?". Elas também perguntavam sobre datas estereotipadoras da cultura popular, como o folclore. Sobre isso, precisei refletir em duas direções: de um lado, a escola era laica e eu deveria retirar todas as datas de vinculação religiosa; de outro, a cultura popular é atravessada pelas constituições religiosas do nosso povo, e não fazia muito sentido negar essa realidade. Cheguei então à conclusão de que o problema residia no eurocentrismo e entendi que poderíamos construir um calendário que valorizasse os diferentes marcos civilizatórios.

Desse modo, na semana de falar na escola sobre a Páscoa, também incluímos as datas da festa do Toré indígena e a feijoada de Ogum. Do mesmo modo que nos santos juninos associamos essa contação de história às festividades da fogueira de Xangô, bem como a festa inca do Inti Raymi. ==Todas as abordagens de natureza religiosa são desenvolvidas numa perspectiva mitológica e não no entendimento de verdade, pois isso se inseriria numa dinâmica de fé e a escola não é religiosa, ela é laica.== Veja a seguir a exposição do nosso calendário decolonial.

Calendário decolonial da Escola Afro-brasileira Maria Felipa

JANEIRO	FEVEREIRO	MARÇO
Lavagem do Bonfim **21** Dia Nacional do Combate à Intolerância Religiosa **25** Revolta dos Malês (1835)	**02** Festa de Iemanjá **21** Lavagem de Itapuã Carnaval (artistas negres, blocos afros e indígenas)	**08** Dia Internacional do Direito das Mulheres **14** Marielle Vive **21** Festa ou Corrida do Umbu (indígenas Pankararu) **21** Dia da Poesia **22** Dia da Água **23** Dia do Circo

Calendário decolonial da Escola Afro-brasileira Maria Felipa

ABRIL	MAIO	JUNHO
Festa do Toré	**01** Dia da Trabalhadora e do Trabalhador	**05** Dia do Meio Ambiente
Feijoada de Ogum e Mitologia de Oxóssi		Santos Juninos
Páscoa Cristã	**13** Pessoas Negras Ícones da Abolição da Escravatura	Solstícios Egípcios
22 Dia da Memória dos Povos Originários		Festa Indígena Inti Raymi
	25 Dia Mundial da África	Fogueira de Xangô
29 Dia da Dança		**16** Dia Internacional da Criança Africana
		28 Dia da Diversidade

Calendário decolonial da Escola Afro-brasileira Maria Felipa

JULHO	AGOSTO	SETEMBRO
Julho das Pretas	**09** Dia Internacional dos Povos Indígenas	Dia da Família
02 Independência do Brasil na Bahia / História da nossa heroína Maria Felipa	**11** Dia da/do Estudante	**25** Dia do Trânsito
25 Dia Internacional da Mulher Negra Latino-Americana e Caribenha	**12** Revolta dos Búzios	**27** Cosme e Damião / Erês
26 Mitologia de Nanã	**13** Festa da Irmandade da Boa Morte	
	16 Mitologia de Omolu e Obaluaê	
	Marcha das Margaridas (Dia do Campo)	

Calendário decolonial da Escola Afro-brasileira Maria Felipa

OUTUBRO	NOVEMBRO	DEZEMBRO
01 Dia da Música	20 Dia da Consciência Negra	02 Dia Nacional do Samba
12 Dia das Crianças / História de Nossa Senhora Aparecida	22 Revolta da Chibata	04 Mitologia de Iansã
15 Dia das Professoras e dos Professores	25 Dia Nacional das Baianas de Acarajé	25 Natal Cristão
Festa das Águas (Pataxó)		26 Kwanzaa

FONTE: adaptada dos materiais usados na Escola Afro-brasileira Maria Felipa.

A decolonialidade é uma categoria teórico-política voltada para a reversão da colonialidade. A colonialidade, por sua vez, é um padrão subjetivo de subalternidade do sul global perante o norte global, uma subalternidade para além da dimensão territorial. Ela também está relacionada à construção de um padrão ético, estético, epistêmico, cultural, religioso – tudo isso atravessa padrões de colonialidade. A decolonialidade vai na contramão, buscando descentralizar o pioneirismo e a potência do mundo que nos cerca, tendo como bases únicas o continente europeu e os Estados Unidos.

A decolonialidade, assim como o antirracismo, é uma categoria ocidental – ela orbita em torno da colonialidade, assim como o antirracismo orbita em torno do racismo. Nas práticas pedagógicas da Escola Afro-brasileira Maria Felipa, optamos por estruturar o currículo pautados/as em atividades de agência africana, quando a abordagem é sobre África e sua diáspora, e de agência indígena, quando o assunto é história e cultura indígena. Entretanto, pensamos num calendário decolonial, uma programação de festividades escolares que sai da óptica do eurocentrismo e celebra os marcos civilizatórios indígenas e africanos, tão fundamentais para a constituição do nosso povo.

Além desse calendário, ainda no âmbito da decolonialidade, também enfrentamos no cotidiano escolar a pilhagem epistêmica, que é o sequestro das formas autônomas de produção de conhecimento de um povo. Fazemos trabalhos com fósseis, com o intuito de mostrar às crianças que a Europa não é o Velho Mundo, que o fóssil humano mais antigo já encontrado data de 350.000 a.C. e foi descoberto no leste do continente africano. Logo, o Velho Mundo é a África.

Também trazemos essa perspectiva para as Américas quando apresentamos a imagem do fóssil de Luzia com sua reconstituição facial, destacando que houve expansão marítima africana para as Américas milênios antes do mercantilismo europeu.

Quanto às práticas antirracistas, seriam aquelas de reversão do racismo ou de denúncia deste. Na Maria Felipa trabalhamos com crianças da primeira infância e achamos prudente não falar sobre racismo com elas, apesar de existirem em uma sociedade na qual as vivências racistas lhes atravessam a todo instante. Optamos por falar do poder do nosso povo, do nosso pioneirismo, das nossas produções. As crianças se formam por uma perspectiva de reforço positivo, e não pela negação do que a sociedade racista afirma acerca de nós.

Entretanto, apesar de a escola parecer uma bolha diante do caos social em que estamos imersos, não há como fugir da opressão estrutural que nos molda subjetivamente todos os dias, por isso nem mesmo a Maria Felipa esteve isenta de vivências racistas. Certa vez, uma menininha negra de pele menos escura e cabelo cacheado chegou para uma menina negra retinta de cabelo crespo 4C e disse que o cabelo dela era feio. A mãe da criança nos procurou e disse que a garotinha estava se sentindo feia e não queria ir mais para a escola. Nesse episódio paramos todos os projetos que estavam sendo desenvolvidos e iniciamos o projeto antirracista *Meu crespo é de rainha*.

Além desse livro da bell hooks, trabalhamos em sala mais livros relacionados ao cabelo afro, como *O black power de Akin*, *O mundo no black power de Tayó*, *Amor de cabelo*, entre outros. Fizemos ainda um desfile de moda infantil com as crianças, bem como uma sessão de fotos com cada criança vestida de rei ou de rainha, sentada no trono real que as professoras produziram e colocaram na área externa da escola. Também fizemos uma "força-tarefa" fora da sala de aula: combinamos que todos os dias, quando aquela criança passasse pelo porteiro, ele iria elogiar algo dela, a secretária também, a profissional da limpeza também, enfim, toda a escola imbuída do objetivo de resgatar a autoestima dessa garotinha. Felizmente deu muito certo. Ela se tornou também modelo da placa da nossa escola.

Textos que estimulam o questionar

Falando um pouco da minha atuação na educação científica, enquanto professora e pesquisadora, posso afirmar que escrevi textos (artigos, livros e capítulos de livros) em diferentes perspectivas, mas principalmente nas ópticas afrocentradas e antirracistas. Trago em seguida alguns exemplos para que o seu entendimento se torne mais fundamentado.

No texto "Educação química e direitos humanos: o átomo e o genocídio do povo negro, ambos invisíveis?", artigo escrito por mim e pelo Elbert Borges e publicado na *Revista da ABPN*, em 2017, a finalidade é fazer a denúncia de um problema social que a comunidade negra vive no Brasil há séculos, que é o genocídio, fazendo articulação com a noção de invisibilidade: há uma invisibilidade subjetiva desses dados de morte e há uma invisibilidade objetiva dos átomos no sentido dos modelos atômicos. Trata-se de um texto antirracista por enfrentar um problema social de ordem racial.

Já em "Catadores de lixo e a questão racial no Brasil: um enfoque químico e social na problemática do lixo", capítulo escrito por mim e publicado no livro *Conteúdos cordiais: química humanizada para uma escola sem mordaça*, em 2017, tenho como intuito denunciar o fato de que pessoas negras deixaram de ser escravizadas no nosso país, mas que, em virtude de uma cultura racista e colonialista, continuamos ocupando os postos de trabalho mais subalternizados, a exemplo dos catadores de lixo das vias públicas. Nesse texto, entrevisto sete garis na cidade de Salvador e promovo a discussão acerca da razão de todos eles serem negros. Do ponto de vista químico, apresento os conceitos de processos químicos (reações químicas) e físicos de transformação da matéria (misturas, mudanças de estado físico), apontando para a necessidade de transformação da matéria na transformação do lixo, mas também para a urgência da transformação de nossa estrutura racista. Trata-se de um texto antirracista em virtude do caráter denunciador de um problema social racial.

Em "O crime de nascer negro no Brasil: uma proposta antirracista no ensino de química forense", capítulo escrito por mim, pela Bianca Figueiredo e pela Marta Nunes para o livro *Decolonialidades na educação em ciências*, trazemos um panorama da construção fenotípica do padrão de criminoso no Brasil, passando pelas leis que provocaram o encarceramento em massa da comunidade negra, tais como a lei anticapoeiragem, a lei antivadiagem, a lei antirreligião de matriz africana e a lei de redução da maioridade penal para crianças negras, tudo isso articulado com o abandono histórico ao qual essa população foi submetida nas oportunidades de emprego, moradia, saúde, educação, acesso à alimentação, mobilidade urbana. Abordamos também a maneira como essas ausências empurraram muitas pessoas negras para a criminalidade. Associamos o debate à abordagem da química criminal, analisando as reações de quimiluminescência, bem como a estrutura química do constituinte e a atuação da substância luminol nas investigações dos crimes. Trata-se de uma denúncia de que, ==historicamente, a sociedade construiu para a população negra o enquadramento estético perfeito no padrão do criminoso.== Um texto de reversão do racismo, portanto mais um escrito antirracista.

Já dois exemplos de produções minhas afrocentradas seriam o livro *História preta das coisas: 50 invenções científico-tecnológicas de pessoas negras*, publicado em 2021 pela editora Livraria da Física, bem como o artigo "O período das artes práticas: a química ancestral africana", publicado em 2020 na revista *Debates em Ensino de Química (REDEQUIM)*.

No referido livro, não estou problematizando, denunciando ou enfrentando alguma problemática social criada pelo ocidente para nós, ou seja, a agência não é ocidental, o foco não é o ocidente, o foco é em África e em suas produções. Nesse sentido, apresento que a humanidade surgiu em África e que as primeiras invenções científico-tecnológicas também. Falo do pioneirismo e da potência intelectual ancestral africana, apresentando cinquenta invenções científico-tecnológicas africanas e afrodiaspóricas. No artigo faço exatamente o mesmo, mas saio da abrangência das ciências naturais e da matemática e foco apenas na química, visando informar que essa é uma ciência ancestral africana. Ambos são produções textuais de ausência de enfrentamento dos problemas ocidentais gerados para nós. Não estamos denunciando ou negando o que o ocidente disse ou fez em relação a nós, e sim afirmando nossas potências a partir de nós mesmos. Tipo: "Dane-se o ocidente! Nós podemos falar por nós a partir de nós mesmos, a partir de nossas próprias agências". São textos afrocentrados.

Diversidade não se constrói, se celebra!

A coisa mais comum que eu escuto por aí em palestras sobre diversidade é que precisamos construir espaços diversos. E fico refletindo que talvez não seja sobre um processo de construção, pois o mundo é diverso, mas sim sobre processos de entendimento e aceitação da própria realidade social. Qualquer caminhada atenta pelas ruas das cidades brasileiras vai lhe fazer perceber o quanto o nosso país é rico em pluralidade existencial e cultural, mas por que os espaços de poder freiam tanto esse fluxo contínuo da vida humana?

Para entendermos melhor a razão desse fenômeno, precisamos olhar para alguns aspectos estruturais da sociedade ocidental que moldam e forjam existências. O termo "ser humano" é normalmente substituído por "homem", e isso não é uma mera correspondência linguística, mas sim um entendimento do humano a partir de sua dimensão ontológica ocidental.

A sociedade centrada no homem (branco)

A primeira imagem que você viu em sua vida em um livro de ciências dificilmente foi de uma pessoa negra, de uma mulher, de uma pessoa trans, de um homem que fosse afeminado, de uma criança ou um idoso, de um corpo com deficiência ou de um corpo gordo. O que nos é mostrado é o corpo de um homem branco cisgênero adulto em idade economicamente ativa, com estética de "machão", com pênis destacado, corpo atlético e sem deficiência. Essa é a noção de humanidade produzida e difundida nos manuais científicos que adentram na escola básica e formam o imaginário coletivo do nosso povo.

É justamente esse corpo branco, cis, falocêntrico, capacitista e gordofóbico que aparece nas imagens da evolução humana desde os primitivos hominídeos, representando o máximo desenvolvimento humano. O ser genérico é esse homem, e tudo que está fora dessa representação é menos humano.

De acordo com essa representação, largamente difundida nos livros didáticos de ciências, são os homens brancos cis que estão no topo da nossa humanidade, e é justamente por isso que eles têm representatividade expressiva em todos os espaços de poder, são os maiores detentores da nossa humanidade. É por essa razão que suas existências são tão fortemente defendidas e validadas, que vidas negras importam menos, crianças e pessoas idosas negras não são respeitadas em sua etariedade, mulheres negras não são tratadas dentro do campo performático social da mulheridade – já que não há o reconhecimento dessa dimensão de gênero.

Outro aspecto importante a ser observado no modo como a gente vê e reproduz o mundo a partir da óptica ocidental são os dualismos que nos impõem modos completamente compartimentados de compreendermos e nos encaixarmos no mundo. Quem estabeleceu que, para uma mulher ser feliz, ela precisa ser heteroafetiva, estar casada e com filhos aos 30 anos? Esses são padrões criados socialmente que nos formam em nossa subjetividade e que barram diversas outras possibilidades potentes de vida, pois ficamos presas nesse imaginário e passamos a vida buscando construir as pontes que nos levem a esse "mundo dos sonhos", muitas vezes sonhos infernais para diversas mulheres que se veem em condições de abuso, frustradas por terem tido que "escolher" entre a família e o sonho profissional, que nem filho queriam ter, mas não entendem por que tiveram e sentem vergonha de expressar esse sentimento tido como uma afirmação antifeminina; que absurdo é para essa sociedade uma mãe que afirma que não queria ser mãe.

Aqui eu trouxe apenas uma exemplificação a partir da construção social do "ser mulher" dentro da lógica patriarcal ocidental, mas essas caixinhas (esses padrões) estão postas para todas as pessoas nas suas várias parcelas de existência.

Uma opressão para chamar de sua

Os dualismos ou dicotomias ocidentais têm sua gênese na estruturação do pensamento europeu de base greco-romana. A menina dos olhos do ocidente, a filosofia, vista assim por estabelecer noções do que é válido e do que não é, do que é verdadeiro e do que não é, surge para a percepção ocidental a partir da ruptura do mito em relação ao logos na Grécia Antiga, fundando assim uma cosmogonia[1]

---

[1] Cosmogonia é o corpo de doutrinas, princípios (religiosos,

dualista que segue estruturando os entes universais com base em hierarquias entre essas partes: mito × logos, essência × aparência, razão × emoção, sujeito × objeto, mundo sensível × mundo inteligível, céu × inferno, Deus × diabo, negro × branco, rico × pobre, homem × mulher, cis × trans, homo × hétero.

Nessas dicotomias, sabemos exatamente o que está no topo, que é algo valioso, e o que está na base, que tem menor valor. ==O mais interessante é que o ocidente cria essa perspectiva dual e todo mundo fica caçando uma opressão para chamar de sua, pois é um modo de se sentir superior em relação a algumas dessas estruturas binárias==: uma pessoa, enquanto mulher, vai sofrer opressão por ser mulher, mas, sendo uma mulher branca, pode oprimir por esse seu importante traço social de poder; uma mulher negra vai sofrer opressão por ser mulher e por ser negra (é o duplo processo de alterização negativa: nós somos o outro do outro – o outro em relação ao sujeito universal, representado pela masculinidade cis e o outro em relação à brancura, que também é uma característica do ser humano em sua máxima representação gráfica), mas, por ser cis, pode oprimir uma pessoa trans, ou, por ser heterossexual, pode oprimir uma

---

míticos ou científicos) que se ocupa em explicar a origem, o princípio do universo; cosmogênese.

pessoa homossexual ou bissexual; uma pessoa trans sofre opressão por ser trans e pode oprimir outra pessoa por ser sulista e se julgar superior que a outra, que é nordestina, e assim por diante.

As pessoas querem uma opressão para chamar de sua enquanto sujeitos agentes, pois elas se sentem mais aproximadas da máxima representação do humano, mais aproximadas do sujeito universal, que é homem, branco, cisgênero, heteroafetivo, sem deficiência, como já vimos.

São muitas as categorias de binarismos possíveis estruturadas a partir dessa noção de humano expressas em suas dimensões de constituição ontológica. Reproduzimos esse ideário em nosso dia a dia estruturando as relações sociais que estabelecemos nos diversos ambientes em que transitamos (espaço familiar, roda de amigos, espaço escolar, vida profissional, relações comerciais, ambientes de atividade física e lazer etc.).

Espaços de poder: reservados para alguns

Por essa razão, embora nosso país seja tão rico em diversidade existencial e cultural, os espaços de poder não refletem essa pluriversalidade, pois estamos assentados em uma óptica ocidental que se nutre de estruturas de opressão, o que não é nada bom para nenhum ambiente.

Pensemos em um ambiente profissional. Como é valoroso para uma empresa ter em seu corpo de profissionais uma equipe diversa, tanto pela via mais utilizada pelas corporações, que é a dimensão mais sensível ao público externo, a parte da publicidade, quanto pela via da composição profissional da empresa. Felizmente, tem sido cada vez mais comum encontrarmos pessoas negras em outdoors, nas propagandas de TV etc., e ficaríamos ainda mais felizes se essa estratégia de marketing não tivesse apenas o intuito de ganhar mercado pelo viés da representatividade. Existem cada vez mais pessoas que só consomem produtos nos quais elas se veem.

Em muitos casos a empresa faz uma campanha publicitária nitidamente diversa (na visualização dos resultados do material de divulgação), entretanto metade dos pretos que estão presentes em seu marketing não está minimamente presente no corpo profissional da companhia; quando estão, essas pessoas se encontram sub-representadas, distanciadas dos espaços de poder, longe dos cargos de gestão, de direção.

O fato de uma empresa buscar mostrar para o mundo uma suposta diversidade por meio de

==uma peça publicitária, a exemplo de um outdoor, e de isso não reverberar em seu quadro de funcionários/as, gera a falsa impressão de benefício, pois "o mundo lá fora" vê a empresa como diversa e a consome motivada por essa especificidade== (óbvio que tem aqueles que deixam de consumir justamente por isso, mas, se essa postura fosse majoritária, certamente o capitalismo, que é altamente sofisticado, não estaria cometendo tal erro em relação à sua essência). No caso citado, trata-se de uma falsa impressão de benefício, pois o ganho real seria ter essas pessoas compondo a ampla comunidade de profissionais da empresa, visto que a diversidade faz o coletivo crescer não só no sentido humano – as pessoas passam a ampliar suas noções de mundo –, mas também do ponto de vista do mercado, na óptica financeira.

Criar um produto sob a perspectiva de várias pessoas que falam a partir de realidades e vivências múltiplas só agrega ao processo criativo e ao resultado final deste: do ponto de vista empresarial, é mais inteligente ter uma equipe diversa. Em outros termos, é importante acolher a diversidade nesses espaços, não pela consciência da relevância desse movimento do ponto de vista social, mas pela importância para a saúde financeira do negócio.

Buscando um mundo plural

Na Escola Afro-brasileira Maria Felipa, desde sua gênese, partimos do pressuposto de que o mundo é diverso e é só "aceitar que dói menos" (risos). Brincadeiras à parte, levamos muito a sério a ideia de que o mundo é plural e que, por isso, diversidade não se constrói, se celebra.

Na origem da escola, eu já circulava pelos espaços, principalmente os escolares, para palestrar sobre diversidade e notava que as entidades e corporações eram, em sua maioria, compostas por pessoas brancas e dirigidas por homens brancos. Avaliei que já era um avanço as pessoas quererem debater a diversidade em seus espaços de atuação profissional, mas eu já tinha a compreensão de que não se constrói consciência de valorização do diverso apenas no campo retórico (ler sobre e ouvir sobre é importante, mas insuficiente). ==É importante viver a diversidade em todas as instâncias da vida, entendendo que é só convivendo com a pluralidade que efetivamente cresceremos com ela.==

No primeiro ano da Maria Felipa, optamos por contratar majoritariamente pessoas negras (respeitando a proporção estatística da cidade de Salvador, de 84% de população negra), principalmente para os espaços de poder da escola, e selecionamos também pessoas de diversas constituições religiosas, além de outros países (inicialmente, além do Brasil, tivemos profissionais da Argentina e do Uruguai e, posteriormente, tivemos uma professora do Cabo Verde). Contratamos pessoas trans desde o primeiro ano e sempre tivemos educadores/as cis e trans na escola. Pensamos também na importância de romper com padrões de corporeidade e tivemos uma professora gorda de dança, buscando evidenciar que um corpo gordo é um corpo com múltiplas possibilidades de existência e de movimento.

A questão do gênero também foi importante no processo de contratação: apesar de a educação infantil ser majoritariamente composta por mulheres cis (em virtude de as pessoas acharem que escola infantil nem é escola, mas sim um ambiente de cuidado e que quem cuida nessa organização social do gênero é a mulher), pautamos contratar homens cis também, fossem eles gays ou hétero, buscando apresentar múltiplas referências de masculinidades para as crianças, bem como mostrar que homens também cuidam, educam e brincam. Isso em uma sociedade que destitui o homem da possibilidade de cuidar, principalmente de crianças, associando-os a distúrbios sexuais pelo fato de serem "seres instintivos". Os homens são seres sociais tanto quanto as mulheres, e socialmente aprendem a viver na coletividade.

O fato de a Escola Afro-brasileira Maria Felipa ser diversa não significa que é uma instituição caridosa que acolhe os grupos sociais preteridos, mas sim que é um espaço escolar que se abre às múltiplas formas de existir no mundo e as celebra e cresce com elas. Como é importante para a nossa comunidade escolar aprendermos a partir do encontro das diferenças! Nosso currículo ganha muito com a diversidade, e nossas crianças, suas famílias e nossas colaboradoras também. Só crescem.

A pedagogia da implosão

Eu pauto uma diversidade de implosão, e não de inclusão. A perspectiva da inclusão perpassa pela concepção de que vamos colocar "o diferente" para dentro, mas sem nos preocuparmos com a subjetividade desse outro, sem avaliarmos as estruturas já vigentes, se elas comportam e acolhem essa diversidade.

Inclusão significa ser incluída/convidada para uma festa na qual as pessoas já estabeleceram o que você pode vestir, comer, qual música você deve dançar. Trata-se de uma falsa abertura que não reconhece esses sujeitos como agentes sociais, que o tempo todo transformam a realidade social em seu entorno.

O que estou chamando aqui de pedagogia da implosão destrói/implode o edifício brancocêntrico ocidental e constrói, a várias mãos, a nova festa da diversidade, cada um escolhendo seu par, sua vestimenta, sua comida, seu modo de dançar... uma verdadeira celebração da existência humana e de suas amplas potencialidades.

==No espaço escolar, a valorização da diversidade é de fundamental importância para enfrentar o problema da evasão escolar. É essencial reconhecer a relevância de pessoas com deficiência para aquele espaço==, por exemplo, o quanto elas não atrapalham (como muitos acham) a dinâmica da escola e o quanto elas não atrasam a aprendizagem das demais crianças; pelo contrário, elas potencializam múltiplas inteligências no entorno, em especial aquela relacionada ao senso de cuidado e responsabilidade com o coletivo, estimulando as crianças a desenvolver essa capacidade humana da atenção aos outros.

Isso é primordial para enfrentarmos esse problema da evasão escolar. Muitas pessoas com deficiência são "empurradas" para fora da escola, pois em todas as suas práticas a instituição comunica que não há espaço para elas, que elas e suas famílias não são bem-vindas; muitas ainda reforçam o discurso excludente de que pessoas com deficiência (PCD) deveriam ter escolas próprias só para elas, meio que informando que elas precisam ser retiradas do convívio social mais amplo.

Combatendo a reprodução dos estigmas

Ainda dentro dessa abordagem de práticas de promoção da diversidade para combater a evasão escolar, esbarramos no necessário debate sobre a transfobia. Todas as opressões estruturais (racismo, classismo, sexismo, LGBTQIAPN+fobia, capacitismo etc.) encontram na escola um palco importante para a sua exposição e fortalecimento, pois a escola reproduz esses estigmas. ==Acho necessário destacar aqui a importância de reconhecer corpos trans como corpos de direito que devem acessar, vivenciar e transformar o espaço da escola.== Não é possível que em pleno 2023 pessoas trans ainda sejam gratuitamente agredidas física e verbalmente (o Brasil é o país que mais mata pessoas trans do mundo, sobretudo travestis e mulheres trans negras, ao passo que é o que mais consome pornografia trans também) nas escolas.

Também é absurdo que as escolas não assumam os nomes sociais dessas pessoas, que não permitam que elas usem os banheiros de seu respectivo gênero. Tudo isso são estratégias sociais de expulsão de pessoas dos espaços de convívio.

A escola é o ambiente por excelência do acolhimento; esse espaço não pode fomentar o abandono, devendo, sim, fortalecer os acessos e desenvolver a cultura de permanência.

"Sou contra as cotas, pois o necessário é melhorar a escola básica"

Um discurso recorrente no meio educacional quando o assunto é cota racial é a melhoria da escola básica, como se fossem coisas excludentes: nesse entendimento, ou se implementam as cotas ou se melhora a escola básica. Em algum momento, alguém pouco perspicaz ou mal-intencionado (ou os dois) criou esse argumento de que "é contra as cotas porque prefere pautar a melhoria na escola básica".

Cotas raciais são políticas de ações afirmativas. E ações afirmativas são políticas sociais voltadas para a reparação histórica de grupos socialmente destituídos de direitos em razão de suas características coletivas. Pessoas negras, pessoas trans, mulheres, indígenas, quilombolas e pessoas com deficiência são grupos sociais que têm pautado de longa data a sua participação nos espaços de poder a partir das políticas de cotas.

Um direito conquistado com muita luta

No campo das relações étnico-raciais, as cotas são fruto de uma luta histórica que atravessa desde o movimento quilombista, passando pelo movimento abolicionista, o movimento frentenegrino, a guarda negra, a imprensa negra brasileira, o teatro experimental do negro, o Movimento Negro Unificado (MNU), a marcha Zumbi dos Palmares, até a marcha de mulheres negras para Brasília, entre outros.

Foram muitos os caminhos trilhados pelos movimentos negros no Brasil para alcançar direitos, principalmente no que se refere às cotas raciais no início dos anos 2000. Não se trata de uma concessão dos governos Lula e Dilma ou de uma benesse do governo do PT, mas sim de uma conquista histórica alcançada por meio da luta secular do nosso povo. Obviamente que essa conquista de direitos só se processou dentro de um governo possível, um governo progressista que teve um grau de sensibilidade para essa questão.

Em 2003, tivemos a Lei n. 10.639, que previa a obrigatoriedade do ensino de história e cultura africana e afro-brasileira em toda a extensão curricular da educação básica. Isso significa que a abordagem da ERER deve estar presente em todo o currículo, tanto do ponto de vista temporal – desde as crianças de 4 anos na escola (que é a partir de quando o Brasil estabelece a obrigatoriedade do ensino) até o nível superior, no caso das pessoas que se formarão em pedagogia e nas licenciaturas – quanto do ponto de vista dos componentes curriculares, "em toda a extensão curricular", englobando todas as disciplinas, não só artes, literatura e história.

Digo isso porque é muito comum as pessoas desassociarem a lei das áreas de ciências naturais e matemática, por exemplo. Eu, enquanto professora no Instituto de Química na Universidade Federal da Bahia, acabei criando componentes curriculares voltados para essa abordagem.

Em 2008, a Lei n. 10.639/2003 foi alterada para a Lei n. 11.645, que incluía a história e a cultura indígenas também na obrigatoriedade legal. Vale destacar que ==as leis são fundamentais como mecanismo de cobrança das instituições para que não precisemos partir do zero sempre, tendo que iniciar as discussões nas escolas e nas universidades pelo princípio de convencimento==, ou seja, não devemos trabalhar a ERER em sala de aula meramente porque a lei obriga, mas porque temos a consciência histórica da necessidade de reparação social dessas maiorias minorizadas no Brasil.

Ainda tivemos as leis referentes ao acesso de pessoas negras aos espaços de poder, principalmente nas universidades. Nos idos de 2002, tivemos a UNEB e a UERJ criando cotas para pessoas negras nos vestibulares; mais tarde, em 2012, com a Lei n. 12.711, essa política chegou a todas as universidades federais do Brasil, pautando 25% do total das vagas das cotas para jovens negros e negras.

Em 2014 entrou em vigor a Lei n. 12.990, que estabeleceu que, dos concursos públicos federais, inclusive do magistério superior, deveriam ser reservadas 20% das vagas para professores negros e negras. Ainda quanto às cotas de acesso, em 2016 tivemos a Portaria n. 13 da Capes, que previu que todos os programas de pós-graduação no Brasil deveriam reservar no mínimo 30% das vagas de acesso nos processos seletivos de mestrado e doutorado para pessoas negras.

==Perceba que as cotas vieram em doses homeopáticas, revelando-nos que, em seus processos de construção e implementação, não houve a devida consciência social de reparação histórica==, algo do tipo: "pessoas negras foram destituídas de memória, de direitos, de humanidade, então vamos aqui potencializar suas existências criando uma política de cotas que promova por mérito o seu acesso a todos os espaços de poder". Isso foi algo pensado por Abdias Nascimento na condição de deputado federal, no Projeto de Lei n. 1.332/1983, ao abordar todas as pautas da nossa agenda emancipatória no âmbito das reformulações epistemológicas dos currículos, mas também dos acessos a espaços que nos são negados desde a escravização nas Américas.

O PL de Abdias não foi aprovado e nos idos dos anos 2000 acessamos esses nossos direitos de modo fragmentado e espaçado temporalmente, o que reforça a ideia de que conquistamos cada direito com muita luta, arrancando-os um a um em cada "canetada" do Estado.

Mas não basta existirem cotas

Também vale destacar que pouco adianta ter cotas se as ações afirmativas não alcançam as políticas de permanência. Segundo uma pesquisa do Instituto Brasileiro de Geografia e Estatística (IBGE) de 2018, apenas 10,4% das mulheres negras que ingressam nas universidades conseguem concluir o nível superior. As universidades precisam pensar que essas pessoas que estão ingressando no ensino superior vieram de um processo histórico de destituição de direitos materiais e imateriais.

Não se trata apenas de acessar o direito à educação, mas de pensar nas condições sob as quais isso se processa.

Quando eu ingressei na universidade, minha mãe, que era ex-empregada doméstica, me abraçou, chorou junto comigo e me disse: "faça sua faculdade, você não vai precisar assumir nenhuma conta aqui em casa". Isso foi algo tão grandioso para mim, ter a possibilidade de me eximir da obrigação familiar de pagar uma conta de luz, de água, um botijão de gás, mas por outro lado essas palavras de mainha também me diziam "vai, mas vai ser carreira solo".

Não tive ajuda para o transporte, costumava pedir "emprestado" para colegas de turma, muitas vezes também costumava "traseirar" (entrar no ônibus pelo fundo sem pagar e saltar o mais próximo possível do meu destino, que era a minha favela). Também não tinha grana para o almoço; passei quatro anos comendo enroladinho de salsicha com um refresco por 2 reais. O jaleco meus colegas me deram, óculos de laboratório e calculadora científica também.

Mesmo assim, a rotina diária de luta era tão intensa que, no terceiro semestre, comecei a chorar muito durante uma prova de química inorgânica e, quando a professora me indagou se chorava porque não tinha estudado, respondi que chorava porque não tinha dinheiro para voltar para casa e estava exausta das minhas peregrinações cotidianas na universidade (eu estava disposta a desistir de tudo e entrar para a estatística das 10,4%). A professora me ajudou com o dinheiro de transporte por aquele semestre e no semestre seguinte me ajudou a conseguir uma bolsa de iniciação científica.

Lembro ainda que não tinha computador para escrever a monografia da graduação – na verdade, entrei na universidade e na primeira semana de aula um professor me humilhou dizendo na frente de toda a turma: "Bárbara, computador. Computador, Bárbara" – ele disse isso ao perceber que eu não tinha nenhum tato com a máquina.

Escrevi meu trabalho de conclusão de curso de porta em porta: sempre que entrava na casa de alguém e via um computador, eu pedia para escrever um pouquinho e salvava no *pendrive* que ganhei na iniciação científica. Já no mestrado, meu orientador me emprestou um notebook por dois anos.

Política de permanência é dar bolsas para jovens negros, principalmente os de baixa renda (Bolsa Permanecer, PET, PIBID, PIBIC etc.), é criar restaurantes universitários, introduzir a política dos ônibus universitários, é oferecer cursos de pré-cálculo, cursos de idiomas (tive muitos problemas com os enormes textos em inglês no mestrado), é fortalecer os laboratórios de informática disponíveis para os/as estudantes, é disponibilizar equipamentos de proteção individual (EPIs) para empréstimo, é pensar em licença-maternidade para discentes, é refletir sobre aquilo que está para além do visível aos olhos pouco atravessados pela tragédia social da pobreza.

A cota é um importante mecanismo de equidade social. É sobre encurtar o caminho de quem precisa percorrer duas, três vezes mais o percurso de quem tem todas as condições de subsistência garantidas e precisa apenas se preocupar em estudar, tendo o estudo como atividade principal de sua vida. É sobre reparação histórica.

Não se trata de ser racista por ver o negro como inferior intelectualmente e pensar que por isso ele precisa de cotas, mas sim de compreender quais processos sociais obrigaram as pessoas negras a priorizar, desde a infância, as atividades de trabalho em detrimento dos estudos, e também quais processos sociais levaram as escolas que formam jovens negros e negras no Brasil a serem tão deficitárias. Em outros termos, não é sobre o sujeito em si, mas sobre o seu coletivo e a sua historicidade recente. Cotas são mecanismos políticos de reparação histórica, não são esmola.

Implementar as políticas de ações afirmativas no Brasil, principalmente as cotas, não versa sobre a não melhoria na escola básica; uma coisa não exclui a outra. Quem recorre a esse argumento ou é insensato ou é mau-caráter. Lembro que na universidade até ouvia outros argumentos por parte de certos professores, que diziam que "se já tinha cota na graduação, não precisava nas outras instâncias, a exemplo da pós-graduação e do concurso do magistério superior". Também diziam que "cotas na pós-graduação baixariam a qualidade da pesquisa e também a avaliação do Programa na Capes", diziam que "as cotas deveriam ser sociais e não raciais".

Avalio tais falas como parte do comportamento típico do pacto narcísico da branquitude atuando em prol do seu próprio sistema de manutenção.

As cotas são ações afirmativas que impactam socialmente num pequeno intervalo de tempo, são políticas de curto prazo. Já a melhoria da escola básica é uma ação afirmativa de médio/longo prazo que precisa ser construída concomitantemente com as políticas de curto prazo para que, em um futuro próximo, as cotas deixem de existir; não por racismo, desinformação e ignorância, mas por falta da necessidade delas, visto que a escola básica no Brasil e as condições sociais de existência possibilitarão que pessoas negras tenham grau de paridade social na disputa por uma vaga no vestibular.

Como ser um educador antirracista

O educador, a educadora antirracista é, acima de tudo, uma pessoa consciente de si dentro dos sistemas de opressão que estruturam a nossa sociedade. Ele/ela é aquele sujeito que, em uma sociedade estruturalmente racista, compreende que não há como fugir psicologicamente desse mal social se não destruirmos o racismo em suas bases.

Já vimos neste livro que o racismo, como opressão estrutural e estruturante da nossa sociedade, constitui subjetivamente cada um de nós, de modo que o nosso modo de pensar é atravessado por ele, e isso reverbera nas nossas falas e ações. ==Por mais que entendamos certos mecanismos de contenção do racismo que existem em nós, ele segue formando nossa noção de mundo.==

O politicamente correto é um exemplo disso: ele é alguém que parece ter superado o racismo linguístico em relação meramente ao emprego de termos racistas. Trata-se de uma pessoa que vai deixar de falar "criado-mudo", "mulata tipo exportação", "denegrir", "não sou tuas negas", mas esse sistema de mundo ainda constitui seu pensamento; essa pessoa simplesmente não o expressa em sua verbalização por entender que são expressões que serão reprovadas por parte da sociedade que luta por equidade racial.

O que você pode fazer hoje

"Mas então, Bárbara, se o racismo é um problema estrutural que nos constitui psiquicamente, não há o que ser feito em relação a ele?" Sim. Há muita coisa que você pode fazer, a começar por se tornar antirracista exatamente no lugar em que você está: no grupo do zap branco, quando chegam piadas racistas, você pode ser um veículo de denúncia e conscientização; na empresa branca onde trabalha, você pode sugerir que a próxima contratação seja de uma pessoa negra; no hospital onde atua, você pode apontar dados de violência hospitalar contra pessoas negras e levar a equipe a refletir sobre como pode humanizar essas pessoas conferindo a elas um tratamento verdadeiramente digno e sensível. Isso se reproduz em todos os espaços de atuação social, em especial na escola.

A escola é o espaço de formação humana por excelência; ela é um complexo social fundamental na nossa constituição, tanto no âmbito social, pensando na coletividade, quanto no aspecto individual, a partir da nossa construção subjetiva.

==A escola é um complexo social fundamental no processo de transformação da realidade social; ela é influenciada pelo sistema, ao passo que, em contrapartida, também o influencia, uma vez que forma as pessoas que vão ocupar e ajudar a construir todas as demais instâncias sociais.== Nesse sentido, a escola precisa ser uma forte aliada no enfrentamento das opressões estruturais, fundamentalmente o racismo.

Mais que uma opção, deve ser um compromisso histórico, um dever da escola, ser antirracista. A escola e, por sua vez, a professora e o professor precisam pautar a equidade racial em toda a sua estrutura: no corpo profissional, principalmente na ocupação dos espaços de poder escolares; na construção curricular, pautando os conhecimentos ancestrais africanos e indígenas fora de um lugar de estereotipagem e de rebaixamento; representar graficamente as pessoas negras e indígenas na estética da escola a partir de um lugar de positivação;

fomentar a leitura de literatura negra e indígena nas proposições didáticas escolares; organizar na escola programas de formação de professores/as a partir da óptica do letramento racial; apresentar intelectuais e personalidades negras e indígenas aos/às estudantes, objetivando ressignificar a noção de humanidade e inteligência ainda hoje.

Um olhar antirracista de natureza prática

Este livro é um convite para repensarmos nossas práticas pedagógicas a partir da sensibilidade docente para as opressões estruturais, fundamentalmente o racismo, buscando desenvolver um olhar antirracista de natureza prática. A finalidade dele é notarmos para além da face visível do racismo aquilo que segue velado/dissimulado e atuarmos por meio da dimensão pedagógica, construindo os mecanismos de denúncia e reversão desse grande flagelo social, que até os dias de hoje faz o povo preto sangrar no nosso país de várias formas: na dimensão corpórea diretamente, mas também cultural, psicológica, epistemológica, religiosa, estética, curricularmente e em tantas outras dimensões.

Sejamos doadores de memórias

Escrevo estas palavras finais, coincidentemente ou não, num 15 de outubro, dia dos professores e das professoras, e o meu desejo para todos/as os/as educadores/as deste país é que possamos assumir com afeto o compromisso de sermos "doadores de memórias" que socializam os conhecimentos sistemáticos historicamente desenvolvidos pelo coletivo para as novas gerações, visando a formação humana desses sujeitos, mas que compreendem de maneira fundamental o papel crucial da nossa profissão na construção de uma sociedade mais justa e igualitária.

O papel social de professores e professoras na nossa sociedade é lindo e imenso; desejo também que um dia sejamos vistos/as e valorizados/as do modo que merecemos, e que essa valorização seja mensurada a partir da relevância e da grandiosidade da "missão" que executamos diariamente.

Para qual sonho você educa?

Feliz dia para todos/as os/as professores/as do país que se engajam diariamente num projeto de transformação social que oportuniza uma vida digna e repleta de perspectivas de futuro para nossa juventude. O dia dos professores é celebrado em 15 de outubro, mas é todo dia que um/a professor/a se levanta para ajudar a juventude a construir sonhos emancipatórios. Feliz dia para você que, apesar das dificuldades, semeia e constrói um tempo de esperança.

A professora, o professor, é um portal que une as memórias e os conhecimentos do mundo antigo à construção do mundo que está por vir. Um abraço carinhoso em você, professora, em você, professor, que chegou até aqui buscando respostas para a melhoria de suas práticas. É de gente assim, disposta e engajada, que a educação brasileira tanto necessita.

Axé para este nosso encontro, e sigamos mundo afora, juntos e juntas, nas trincheiras de luta rumo à construção de uma sociedade efetivamente democrática para nós e para a nossa juventude negra. Afinal, se a democracia é o sistema político da maioria, e se nós, que somos maioria quantitativa neste país, não nos vemos representados e representadas nos espaços de poder, precisamos construir uma sociedade efetivamente democrática.

Referências

ADICHIE, Chimamanda. *O perigo de uma história única*. São Paulo: Companhia das Letras, 2018.

ALMEIDA, Silvio. *Racismo estrutural*. São Paulo: Jandaíra, 2020.

ANI, Marimba. *Yurugu*: an African-centered critique of European cultural thought and behavior. Nova Jersey: Africa World Pr, 1994.

ASANTE, Molefi. *L'Afrocentricité*. Tradução Ama Mazama. Paris: Editions Menaibuc, 2003.

BENTO, Cida. *O pacto da branquitude*. São Paulo: Companhia das Letras, 2022.

BERNAL, Martin. *A Atena negra*: as raízes afro-asiáticas da civilização clássica. Barcelona: Crítica, 1993.

BORGES, Elbert Reis; PINHEIRO, Bárbara C. S. Educação química e direitos humanos: o átomo e o genocídio do povo negro, ambos invisíveis? *Revista da ABPN*, v. 9, n. 22, p. 201-205, mar./jun. 2017. Disponível em: https://docplayer.com.br/76011154-Educacao-quimica-e-direitos-humanos-o-atomo-e-o-genocidio-do-povo-negro-ambos-invisiveis.html. Acesso em: 3 jan. 2023.

CARNEIRO, Sueli. *Escritos de uma vida*. São Paulo: Pólen Livros, 2019.

CAVALLEIRO, Eliane dos S. *Do silêncio do lar ao silêncio escolar:* racismo, preconceito e discriminação na educação infantil. 6. ed. São Paulo: Contexto, 2012.

CÉSAIRE, Aimé. *Discurso sobre o colonialismo*. Lisboa: Livraria Sá da Costa, 1978.

CUNHA JUNIOR, Henrique. *Tecnologia africana na formação basileira*. Rio de Janeiro: CEAP, 2010.

DIOP, Cheikh A. A origem dos antigos egípcios. *In*: MOKHTAR, Gamal (org.). *História geral da África*: a África antiga. São Paulo: Ática/Unesco, 1983. p. 39-70.

DIOP, Cheikh A. *A unidade cultural da África negra*: esferas do patriarcado e do matriarcado na antiguidade clássica. Tradução Silvia Cunha Neto. Luanda: Edições Mulemba, 2014.

EVARISTO, Conceição. A escrevivência e seus subtextos. *In*: DUARTE, Constância Lima; NUNES, Isabella Rosado. *Escrevivência, a escrita de nós*: reflexões sobre a obra de Conceição Evaristo. Rio de Janeiro: Mina Comunicação e Arte, 2020. p. 251-261.

EVARISTO, Conceição. *Becos da memória*. São Paulo: Pallas Editora, 2006.

FANON, Frantz. *Os condenados da terra*. Tradução José

Laurênio de Melo. Rio de Janeiro: Civilização Brasileira, 1968.

FANON, Frantz. *Pele negra, máscaras brancas.* Salvador: EDUFBA, 2008.

FREITAS, Henrique. Pilhagem epistêmica. *In*: LANDULFO, Cristiane; MATOS, Doris (org.). *Suleando conceitos e linguagens*: decolonialidades e epistemologias outras. Campinas: Pontes Editores, 2022. p. 305-312.

GOMES, Nilma L. Apresentação. *In*: SILVA, P. V. B.; RÉGIS, K.; MIRANDA, A. (org.). *Educação das relações étnico-raciais*: o estado da arte. Curitiba: NEAB-UFPR: ABPN, 2018. p. 13-17.

GOMES, Nilma L. *O Movimento Negro educador.* Petrópolis: Vozes, 2017.

GONZALEZ, Lélia. A categoria político-cultural de amefricanidade. *Tempo Brasileiro,* Rio de Janeiro: [s. n.], n. 92/93, p. 69-82 (jan./jun.), 1988.

HOOKS, bell. Intelectuais negras. *Revista Estudos Feministas*, n. 2, v. 3, 1995.

HUME, David. Of national characters. *In*: _____. *Essays*: moral, political and literary. Editado por T. H. Green e T. Grose. London: Longmans, Green and Co., 1875. vol. 1.

JAMES, George. *Stolen legacy.* New York: Philosophical Library, 1954.

KILOMBA, Grada. *Memórias da plantação*: episódios de racismo cotidiano. Tradução Jess Oliveira. [S. l.]: Cobogó, 2019.

KRENAK, Ailton. *Ideias para adiar o fim do mundo*. São Paulo: Companhia das Letras, 2019.

MACHADO, Carlos; LORAS, Alexandra. *Gênios da humanidade:* ciência, tecnologia e inovação africana e afrodescendente. São Paulo: DBA, 2017.

MACRADO, Vanda. *Prosa nagô*: educando pela cultura. 2. ed. Salvador: EDUFBA, 2017.

MBEMBE, Achille. *Crítica da razão negra.* Tradução Sebastião Nascimento. São Paulo: N-1 Edições, 2018.

MBEMBE, Achille. *Necropolítica*. São Paulo: N-1 Edições, 2018.

MUDIMBE, Valentin. Y. *The invention of Africa.* London: James Currey, 1988.

MUNDURUKU, Daniel. Educação indígena: do corpo, da mente e do espírito. *Revista Múltiplas Leituras*, v. 2, n. 1, p. 21-29, jan./jun. 2009.

NASCIMENTO, Abdias. *O genocídio do negro brasileiro*: processo de um racismo mascarado. São Paulo: Perspectivas, 2016.

NASCIMENTO, Elisa. Introdução às antigas civilizações africanas. *In*: *Sankofa*: matrizes africanas da cultura brasileira. Rio de Janeiro: UERJ, 1996. p. 39-46.

NASCIMENTO, Gabriel. *Racismo linguístico*: os subterrâneos da linguagem e do racismo. Belo Horizonte: Letramento Editorial, 2019.

NGŨGĨ WA THIONG'O. *Decolonising the mind.* Harare: Zimbabwe Publishing House, 1981.

NOGUEIRA, Sidnei. *Intolerância religiosa*. São Paulo: Jandaíra, 2020.

OBENGA, Theóphile. *La philosophie africaine de la période pharaonique*. Paris: L'Harmattan, 1990.

PINHEIRO, Bárbara. C. S. Catadores de lixo e a questão racial no Brasil: um enfoque químico e social na problemática do lixo. *In*: OLIVEIRA, Roberto Dalmo Varallo Lima de; QUEIROZ, Glória Regina Pessoa Campelo (Org.). *Conteúdos cordiais*: química humanizada para uma escola sem mordaça. São Paulo: Livraria da Física, 2017.

PINHEIRO, Bárbara. C. S. *@Descolonizando_saberes:* mulheres negras na ciência. São Paulo: Livraria da Física, 2020.

PINHEIRO, Bárbara. C. S. *História preta das coisas:* 50 invenções científico-tecnológicas de pessoas negras. São Paulo: Livraria da Física, 2021.

PINHEIRO, Bárbara C. S. *História pretinha das coisas: as descobertas de Ori*. São Paulo: Livraria da Física, 2022.

PINHEIRO, Bárbara C. S. O período das artes práticas: a química ancestral africana. *REDEQUIM*, v. 6, n. 1, 2020. Disponível em: https://www.journals.ufrpe.br/index.php/REDEQUIM/article/view/3566. Acesso em: 3 jan. 2023.

PINHEIRO, Bárbara C. S.; FIGUEIREDO, Bianca; NUNES, Marta. O crime de nascer negro no Brasil: uma proposta antirracista no ensino de química forense. *In*: MONTEIRO, Bruno A. P. et al. *Decolonialidades na educação em ciências*. São Paulo: Livraria da Física, 2019.

PINHEIRO, Bárbara C.; ROSA, Katemari (org.). *Descolonizando saberes*: a lei 10.639/2003 no ensino de ciências. São Paulo: Livraria da Física, 2018 (v. 1) e 2022 (v. 2).

RAMOS, Alberto G. Patologia social do branco brasileiro. *Jornal do Comércio*, jan. 1955.

RIBEIRO, Djamila. *Pequeno manual antirracista*. São Paulo: Companhia das Letras, 2019.

RUFINO, Luiz. *Pedagogia das encruzilhadas*. Rio de Janeiro: Morula Editoral, 2019.

SANTOS, Antônio Bispo dos – Nêgo Bispo. *Colonização, quilombos, modos e significados*. Brasília, junho de 2015.

SILVA, Petronilha G.; BARBOSA, Lucia M. A. (org.). *O pensamento negro em educação no Brasil*: expressões do Movimento Negro. São Carlos: EdUFSCar, 1997. p. 17-30.

SODRÉ, Muniz. *Reinventando a educação*: diversidade, descolonização e redes. 2. ed. Petrópolis: Vozes, 2012.

SOMÉ, Sobonfu. *O Espírito da Intimidade*: ensinamentos ancestrais africanos sobre maneiras de se relacionar. São Paulo: Odysseus, 2007.

SOUZA, Neusa S. S. *Tornar-se negro*: as vicissitudes da identidade do negro brasileiro em ascensão social. Rio de Janeiro: Edições Graal, 1983.

MÚSICA CITADA NO LIVRO

CIDADÃO. Intérprete: Zé Geraldo. Compositor: Lucio Barbosa. *In*: Zé Geraldo – Cidadão: trinta e poucos anos. [S. l.]: APE Produções Musicais, 2011. 1 CD, faixa 7.

**Acreditamos
nos livros**

Este livro foi composto em Spectral Std e
impresso pela Geográfica para a Editora
Planeta do Brasil em julho de 2025.